suncolor

DIE SEELE DES BÖSEN

噬罪人

DIE SEELE DES BÖSEN

呂秋遠 著

suncolor 三采文化

作者序

在從事律師工作的生涯中，最令我感動的事情，往往不是勝訴，而是訴訟以外的人性。

「律師」這個行業，在我的想法中，經常要扮演噬罪人（德文：Die Seele des Bösen）的角色，不是「飾」罪，也不是「拭」罪，而是「噬」罪。從事這個行業的人，必須將當事人的痛苦與罪惡，具體轉化或適用於世俗的法律之中，協助法院使每個人可以適得其分。所謂的「適得其分」，就是讓人世間的秩序恢復應有的道理，而不是勝訴或敗訴。法院裡的正義，許多時候反而不是公平，畢竟法官不是全知全能，是以律師就必須要扮演法官的手腳，讓兩造的當事人可以取得平衡點。這個平衡點，不是為求勝訴不擇手段，而是恢復失衡的人性，畢竟法院以外的人生，才是我們一生都要面對的課題。

這本書的二十五個小故事，就是在討論人性的問題，其實法律只是附帶的議題而已，這

呂秋遠

也是為何我把這本書取名為「噬罪人」的原因。所謂的「噬罪人」，是在古老的基督教中擔任特殊職位的神官，他們通過在教堂外舉行某種儀式，赦免那些已經死去的人，洗去他們未懺悔的罪過，允許死去的人不因犯過邪惡而受到懲罰，而噬罪人往往會為了赦免某人的罪過，在必要時犧牲其他人。

律師，乍看之下，確實如此，這些人必須擔任世俗中「洗罪的功能」，在訴訟中必須犧牲對造，取得勝訴，因而洗刷自己當事人的罪，或是澄清自己的立場。然而，在執業生涯中，隨著自己心智年齡不斷成長，人事經歷日漸豐富，發現在所有的訴訟中，我們應該瞭解的問題，其實不是法律，而是人性。當我們可以洞察人性的軟弱與自由的可能性，我們才能體會身為人的主體性與珍貴性。因此，透過這些故事，我想跟大家分享的觀念，其實不是法律，而是人性。

噬罪人所說的故事，都與法律有關，但更多的情節都在人性的觀照。希望大家可以喜歡這些故事，這些故事都是可能發生在你我之間。透過這些不同的小故事，大家更能瞭解人性的光明與黑暗面，明白自己的軟弱與克服軟弱、達到內在自由的可能性。

法律，不能解決一切，人性才是解答。所以，我談的不是法律，而是人性。

目錄

Chapter 1 以愛之名

Chapter 2 原罪

Chapter 3
意外人生

噬罪人這種職業，最早於文獻上的記載來自於十七世紀中葉英國作家巴格福特（John Bagford），他提到這種職業在古英國的鄉村地區很盛行。當人過世以後，家族會在他的胸膛上放一塊麵包，眼睛上放兩塊銅錢，等候噬罪人的到來。噬罪人會把那塊麵包吃下，象徵著將死者一生的罪承接過來；而銅錢則是給噬罪人的賞錢，如此死者便得以擺脫此生的罪愆，終得安息。過去的噬罪人一職，都是由乞丐、遊民等地位低賤的社會邊緣人來當，因為他們只求溫飽，願意承擔罪孽（sin），噬罪人，就是給亡者終極安慰的人，但是也是被社會憎惡的對象。大多數時候，律師的角色也就是如此，這也是我把律師看做現代社會中噬罪人的原因之一。

I

以愛之名

阿爸的心肝寶貝

聖經《列王記》裡有個所羅門王的故事。兩位新生兒的母親帶著一名男嬰來到所羅門王面前，請求所羅門王裁決誰才是這個孩子的真正的母親。有一位母親的孩子在一個晚上死去了，這兩位母親都說這個仍然健在的孩子是自己的。當所羅門王建議將活著的孩子劈成兩半，每個母親得到一半時，男孩真正的母親說：「我願意放棄這個孩子。」而另一位則說：「這孩子也不歸我，也不歸你，把他劈了吧！」所羅門王立即宣布，那位願意放棄孩子的母親，才是那個孩子真正的母親，並將孩子還給了她。

在處理家事案件的時候，不乏看到父母拿孩子當武器或工具。表面上看，父母都在為孩子著想，但是爭奪孩子的監護權，究竟是為了面子、為了報復，還是為了孩子？不知道這些父母有沒有問過自己？尤有甚者，把孩子當私有財產的心態，也多有之。自己過得不好，就想把孩子帶了一起離開這個世界，又是什麼樣的想法？這是殺人罪，不是加工自殺，更不是帶他到更好的地方。如果有這種想法，應該譴責七十個七次。

那天晚上，我在寫訴狀。已經晚上十點多，但是這通電話劃破辦公室打字聲的寂靜。

「叔叔，你在忙嗎？」一個稚嫩的小聲音打電話進來。

「不會啊，什麼事情呢？」我問他。感覺起來這個小女孩似乎不到十歲，想想自己應該沒有這樣的客戶才是。

「我上次跟我爸爸一起去找你，你有叫另一個阿姨去買薯條給我吃，說你要跟爸爸談事情。叔叔，你還記得我嗎？」她說。

「我知道啊，怎麼了？」我記得這個孩子，因為她父親先前委託我打離婚官司，現在離婚已經成定局，剩下的部分只有監護權的歸屬而已。

談到這個父親，其實我既同情又頭痛。他跟太太結婚不過十年，但是因為他有重度憂鬱症，她則是有躁鬱症，所以兩人始終在吵鬧中度過，也都持有對方的保護令。他其實深愛她的太太，面對這樣不得不離婚的窘境，我感到相當的同情。然而，這個父親卻也很令人頭疼，他與太太爭執時，往往孩子就會成為犧牲品，兩邊都會以一起去死作為相逼的藉口。孩子不是跟他死，就是跟她死，讓我覺得法院其實應該都剝奪他們兩人的親權。

「我肚子痛。今天都沒有吃飯。」孩子怯生生的說。

我的心也跟著痛，其實我很喜歡這個孩子。綁個小馬尾，可能因為父母沒能給安全感，嘴裡老是很甜，一點都不怕生，反而伯伯、叔叔的到處喊，應該是透過渴望獲得兩邊的關愛，也學到社會的現實面而已。

「爸爸呢？」我急著問，我知道應該是出事了。就是因為擔心這個問題，還好事先我就把名片給了孩子。

「爸爸在哭。他剛剛說，媽媽不要我們了，所以要帶我去一個很好的地方。他現在正在房間裡整理東西，他叫我先不要進去。」她雀躍的說。

我心裡當下涼了半截，因為我知道父親有重度憂鬱症，而且曾經在事務所跟我說過，如果他要走，一定會帶著孩子一起走。我聽到這個話，怒氣不可抑止，當下直接撥打家庭暴力專線，請社工人員處理。我知道他很愛這個女孩，但是我覺得他的愛似乎有些詭異，他就曾經自承，在他妻子離家出走後，他會讓小女孩跟他一起睡覺，因為太捨不得她。

監護權的部分，已不在我手上處理，他堅持要自己來，所以我無話可說也無從介入。

「等一下喔，叔叔先問你，你們家在哪裡？」現在是下班時間，沒有助理可以幫我開啟當事人的個人資料，可供我報警，我只好努力想辦法套出這孩子現在何方。

「叔叔，你可以幫我忙嗎？爸爸說那個地方睡一覺就會到了，可是我肚子好餓，以前媽媽在家的時候，都會煮飯給我吃，而且會幫我揉肚子，現在爸爸在哭，他沒有空。」她的聲音聽起來有些低落，把我的心情也往下拉，沉痾到谷底。

沒成功的救到她，這輩子我應該都很難吃得下飯。

我勉強打起精神，畢竟住址還沒騙到，「好啊，等一下叔叔再帶你去吃薯條。不過，叔叔現在很忙，沒辦法離開公司，我會先找幾個叔叔阿姨過去你家，把你帶過來叔叔這裡，你不可以害怕喔。」

她安靜下來，似乎知道現在發生什麼事情，她用稚嫩的童音，告訴我住址。聲音沒有發抖，但是格外令人心疼。

我要她打開電視，以保證她父親不會聽到我們的對話，同時我也希望她可以分散注意力，因為我得利用另一支辦公室的電話，聯絡家庭暴力專線。我悄悄的把住址告訴工作人員，然後開始想辦法拖延時間。電話的背景，聽起來像是幼幼台的卡通，我有點放心了。

不過，嚴苛的考驗現在開始，我得要模仿《絕命鈴聲（*Phone Booth*）》的柯林法洛（Colin Farrell），想辦法讓電話不能掛線。

重點是，這是真實人生，不是電影。

「你喜歡律師叔叔嗎？」我問。可是我覺得這個開頭很蠢。

「叔叔，你是好人。爸爸以前都告訴我，律師都是壞人，可是你不是。」這孩子好貼心，竟然說我是好人。不過我心中竟然想起「我是好人，也是個壞人。」這首歌，只是不曉得等一下能不能讓這小女孩向社工人員狂奔？

「為什麼你爸爸覺得律師是壞人？他有跟你說原因嗎？」我問。

「他說，媽媽的律師把媽媽從我們身邊搶走。他很壞！」小女孩說。

「難怪有人說，律師比起吸血鬼還壞！」我故意說。

「吸血鬼嗎？為什麼？」她好像有點興趣。

「因為吸血鬼只有晚上吸血，但是律師不分白天晚上都會吸血啊！哈哈！」我自己乾笑了好幾聲，但是小孩子沒有反應。

好吧，我的笑話很難懂。

「好啦，你是好人，別難過。」如果我在她面前，她肯定會要我蹲下來讓她摸頭。

我其實被她的話感動了半响，很難接下一句話，但是柯林法洛不能在這時候冷場。

「你平常都去哪裡玩？」我試圖希望問些讓她開心的話。

「我都在家寫功課。爸爸跟媽媽常常吵架，很少帶我出去玩。」她的聲音又黯淡下來。

「所以爸爸才會在剛剛說，要帶我出去玩。我好開心。」

她自顧自的說，「爸爸說，那個地方很好，媽媽會在那邊等我們。我只要睡一覺就到了。可是我有點害怕，因為爸爸今天跟我講這些話的時候，一直在哭。我問你喔，叔叔，為什麼爸爸要帶我出去玩，而且可以見到媽媽，他卻要哭啊？」

我很難解釋的，小朋友！「爸爸跟你說的那個地方不好玩。而且，你現在不能去，因為你沒有入場券。你要很久以後才會拿到票。叔叔去了你可能都還沒拿到票。」我說。

「什麼是入場券？那個地方叫什麼名字？為什麼要有入場券？」她的連續發問，讓我宛如被機關槍掃射，幾乎無法抵禦。

「這個嘛，入場券就是，到那個地方要買票。那個地方的名字應該叫做天堂，但是我們現在都進不去，太擠了，很多人在那裡。」我嘗試用簡單的語言述說。

「所以，我現在不能去？」她問，似乎有點失望。「那爸爸要去怎麼辦？只留我一個人在這裡嗎？」

「爸爸沒有要去，因為他一直在哭，太忙了，所以車子已經跑掉了。」我說。我覺得我應該去當兒童節目主持人，名字就叫做芭樂爺爺之類的。

「嗯，要坐車才會到。」她似乎在沉吟。「那爸爸怎麼叫我等一下要進房間？房間又沒有車子。」

這小女孩是怎樣，一定要擊敗我就是了！我深呼吸了一口氣，看看時間，第一次覺得十分鐘這麼難熬。

「房間有沒有車我不知道啦，不過爸爸現在正在房間裡做什麼，你知道嗎？」我問。

「我好像聽到他還在哭。」她小聲的說。「他剛剛拿了一盆黑色的東西進去房間裡。」

「你現在在哪裡？」我問。「爸爸不喜歡叔叔，所以你跟我講話，不可以讓他聽到，而且你現在要躲起來，因為我要買薯條給你，爸爸不開心。如果你被他看到，他會生氣！」

「是喔？」她說。「那你要我躲去哪裡？」見鬼了，最好我知道她家的佈置是什麼。

「躲哪裡都好，先不要讓他知道妳在講電話。你要答應叔叔，不可以進爸爸房間，也不可以喝爸爸給你的東西喔。等一下就會有叔叔跟阿姨去你家，幫我買薯條給妳吃。」我說。

「好啊，我們打勾勾。」她聽起來聲音比較愉悅了。「我肚子沒有很痛了。」

「妹妹，妳救了叔叔，妳知道嗎？妳一定要記得，妳曾經救過一個叔叔。」其實我很感動，因為她真是個很棒的孩子。

「我救你？救你什麼？」果真她聽不懂。

「因為妳讓我記得，生命的美好。」我知道她不能理解，但是我覺得我一定要說。

從電話那一頭，我聽到她父親開始叫她。

「躲起來，有沒有聽到！當做跟爸爸玩捉迷藏！」我小聲的說，其實我內心很緊張。

「喔！」她說話也開始小聲，「我知道了。」她父親找不到她，聲音開始有點走樣與發抖。「寶貝，你在哪裡？」清楚的聲音，傳到話筒的這一端，我不敢說話。但是心裡暗罵，「最好她是你的寶貝。」我們兩人大氣也不敢透一聲。

漫長的三分鐘。但只聽到這個父親，以淒厲的聲音，不斷的呼喊他的「寶貝」，要寶貝「趕快出來」，不要躲起來。他的聲音，搭配電視播放的兒童音樂，此時聽來格外諷刺。

他把電視聲音關掉，開始認真搜尋這孩子。然而他突然看到，這孩子躲在客廳的沙發角落旁，手裡拿著電話。他怒了，用盡渾身的力量大喊，「寶貝，你在跟誰說話！」

孩子嚇傻了，電話掉落在地上。他父親撿起電話，看到號碼，立刻對我吼叫，「你到底憑什麼管我們的家務事!?」「我是律師！」我從來沒有覺得自己的職業這麼光榮過！

「我管你是什麼？你給我滾！」他說。

門鈴聲就在這時候響起，隨之而來的是撬門的聲音，人聲雜沓。

說好的幸福呢？

她拿著存證信函，蹲在大街上，不顧眾人的眼光開始哭泣。她聲嘶力竭的哭，眼淚不斷的往下掉。旁邊的一個男子走近問她，「需要幫忙嗎？」她似乎沒聽到，反而跌坐在地上，像是孩子一樣的耍賴。

只是，她從來就是個沒有父母的孩子，當然也不會有耍賴的權利。

她是個很清秀的女孩子，約莫二十出頭而已。她來找我的時候，脂粉未施，但看起來受到很好的照顧，應該也是很有教養的女孩子。她一開始就小聲的跟我說，「律師，不好意思麻煩您了。」

父女訴訟，應該有很不得已的原因，也應該是很長的故事，所以我調整了比較舒服的姿勢，請她把完整的始末告訴我。然而，她要開口之前，我立刻注意到她眼眶開始泛紅，似乎不知如何說起。然後開始放聲大哭，連會議室以外都能聽到，我靜靜的等候，等她心情平靜再說。

她的父親是某電器製造產業的高階主管，母親則是家庭主婦，她還有一個哥哥跟一個妹妹，「看起來」家庭和樂，就是一般的台灣中等人家以上的生活。然而，她對於童年的記憶，卻是十分恐怖與不堪回首。她的回憶，在四歲以前，雖然模糊，但是卻膽顫心驚。

因為她有「剋父」的命格。

出生後，「張半仙」批了她的命格，告訴孩子的爹，這孩子「生於申時，命帶雙魁罡，偏財甲木坐申金為絕地，屬剋父命格。」張半仙的這番話，決定了她的命運，就是爹不疼、娘不愛。

知道她有剋父的情況後，父親積極的尋求解決之道。張半仙告訴他，剋父，也不是不能解決，只有遠離這孩子，幫孩子出養，或是托人為義父母，二十歲以後或許有機會化解。父親至此，積極的尋求派駐到國外的機會。四歲前，父親幾乎把她當做怪物，四歲時，她的印象就是，父母帶著她的哥哥與姐姐，一起派駐到美國，留下她一個人在台灣。

對於家裡，她的印象就是孤單。父親臨走前，把她託付給姑姑。姑姑當時已經有自己的家庭，但是對於這個姪女疼愛倍至。小女孩似乎很小就知道，自己寄人籬下，因此自動自發的做家事、陪伴姑父母，跟其他的表哥表弟也相處得很好。她懂事的樣子，讓姑姑經常感嘆，「怎麼會有人捨得這個小女孩？」

是的，就是有，而且是自己的父母。孩子八歲時，某日報海外版，突然出現這樣的訊息：「近從貴報海外版得知貴縣王小姐，擬收養一位孩子，適值我家有個小女孩，因從小寄養在親戚家。近年來我們又在美國求學，無論空間、時間、經濟上皆無法負擔，且自幼即未帶在身邊，心想在教育上與感情上，如果沒辦法多灌注給小孩時，不如送給那真正富有愛心與喜愛小孩子的父母，不知王小姐喜歡否？」

這封信引起很廣大的回響，許多人紛紛向這位「留學生」表達同情之意，並且願意收養這個小女孩。然而從父親那裡得到姑姑住址，因此前來探問的人，總是被姑姑一掃把打出門，惡狠狠的對訪客說：「這是我們家的孩子，說什麼也不會讓！」最後這件事情也就不了了之。但是對於小女孩而言，心靈上的烙印就是，「我是沒人要的孩子！」她努力的表現不要更退縮，要更堅強，但是突然的敲門聲，總是在她的夢境中不斷出現，每個貌似和善，但是要帶她走的陌生人，成為她這輩子無法抹滅的夢魘，一再的出現在她的生活中，即使成年以後亦然如此。

她很乖巧，在國中畢業以後，她報考護校，因為她知道，姑姑沒辦法負擔她太多的學費，只有拿公費，才能減輕家裡的負擔。這些年來，她只透過姑姑偶爾叨絮的話語裡，知道他們一家人在美國過得很好，父親也沒有回來的打算，兩個兄姐都已經在美國念大學。她有時候沒有感覺，有時候心會刺痛，她不知道自己犯了什麼錯，但是姑姑溫暖的臂彎，一直是她的依靠。護校畢業以後，她開始在公立醫院工作，每天值班的生活很苦，但是她逐漸恢復了自信心，因為她可以幫助別人，也在經濟上可以支援姑姑，畢竟姑父已經走了，姑姪兩人相依為命，或許這樣的生活也不錯，她開始嘗試忘記，她那「剋父」的命，還有她「被剋」的人生。

她有了男友，雖然偶爾在他身邊的時候，會在惡夢中驚醒。但是男友強壯的臂膀，立刻把她擁進懷裡。他會靜靜的聽著她敘述彷彿不是自己的故事，姑姑如何的慈祥，把她視如己出，就像母親一樣的角色照顧她。她偶爾會掉淚，但是情緒控制得很好，畢竟這已經是天寶年間的過往，她不需要像白頭宮女一樣，細數明皇的無情，父親在二十年來未曾聞問，但是她有姑姑，每講到這裡，她就破涕為笑，就像是雨後的荷花一般的笑。

二十年後，父親回來了。

父親帶著全家，回到睽違已久的台北。或許是魔咒已經過去，父親開始嘗試跟她互動，即使是生硬的。一開始，她覺得驚喜，因為父親竟然認了這個女兒。隨之而來的，父親希望她搬離姑姑的家，「畢竟那是人家的生活，你都大了，不要打擾她。」

可是，她沒有房子可以住。

父親慷慨的跟她說，房子沒問題。孩子，我要彌補你這二十年以來的苦，我想買間房子給你。

她果真驚喜交加了。她小心翼翼的確認，父親是不是真的愛她。母親淡淡的說，「你就接受你阿爸的好意吧。」她捨不得姑姑，但是父親答應她，願意幫她請看護照顧，而且她隨時可以回去看姑姑。她方勉為其難的同意，搬到新家去。

她住在父母的新房子中，感覺總有些不自在。房子是新的、人也是新的。她努力的要跟兄姐相處，跟父母示好，但是他們是沉默的，當一夥人開心的時候，她走進家裡，就一片死寂。她想，總要點適應期，她會努力的。

父親要她去找房子，她總算找到。經過兩次看屋，父母與她都相當滿意，離上班的地點也很近。因此父親匯款兩百萬的頭期款到女孩的帳戶裡，並且要她儘快購買家具、搬家。

一切都很好，她想。應該苦盡甘來了，她的家庭，在二十歲的警報解除後，總算又破鏡重圓，找回了一家人。她可以把這個新房子，當做她與先生的家，以後她可以好好的經營家庭，重拾父母的愛。

是嗎？命運又跟她開了一次大玩笑。竟然有仲介打電話給她，宣稱有這個家的權狀，也有父母的委託，要賣掉這個房子。

她不懂，為什麼父親又變卦。她打電話去問父親、母親、兄姐，不是關機，就是推托不知。沒多久以後，就接到地方法院的民事庭傳票，父親主張這個房子，只是借名登記而已，要求女孩返還房屋。

這個訴訟，在我看來並不難。畢竟借名登記，必須要有合意，並且要能證明所有資金流程。然而，一開始的時候，訴訟並不順利。因為法官冷冷的看著被告：「你急什麼，以後你父母死了，這房子還不是你的。」

在司法實務上，許多人登記房地產，並不是用自己的名字，我們稱之為「借名登記」。借名登記在民法上，並無明文規定，我們通常類推適用為「委任關係」。所謂委任關係，就是一方委託另一方代為處理事務，但是任一方都可以隨時終止。簡單來說，本案就是原告主張，這棟房子是父親借用女兒的名義登記，因此現在要收回來，回復登記為自己的名義。實務上要證明借名登記，相當不容易，因為原告必須證明有委任的真意，被告有受任的真意；然後借名的原因必須合情合理、借名的借貸流程，必須有資金證明等等，畢竟不動產是以登記為要件，登記所有人是誰，那麼就是誰，要法院判定這是借名，恐怕不甚容易。然而看起來，這位法官是以「孝道」為出發點，認為父親既然有出資，那麼當然有可能是借名。這推論「很道德」，但是一點也「不法律」。

她急得眼淚在眼眶中打轉。不是，她可以不要，但是這房子是她父親的道歉。她不能接受父親把道歉收回去，這是她應得的！

審判不斷在進行。我們提出了種種的證據，包括剩餘的貸款，是由我們自己繳納、父親是因為彌補孩子，才會贈予房屋等等。法官沒有明白表示意見，但是看得出來，他認為父親給孩子一筆金額買房，對於借名登記而言，確實有可能。我們在「天下無不是的父母」的緊箍咒下，很辛苦。

不過，事情總是有轉機的，訴訟中，總會有人犯錯，只是這一次不是我，而且，我絕對不會犯這樣的錯。

就是一封信。

父親在第三次開庭的時候，決定使出殺手鐧。他交給了法官一封打字的信件，竟然來自於父親的妹妹，也就是她的姑姑。信件的內容大概是這樣的。姑姑痛斥這個姪女，性生活不檢點，經常在外與男人鬼混，得過性病，平常晚上經常夜歸，對姑姑極為忤逆與不孝，這些年來，姑姑一直容忍她，後來她甚至對姑姑罵三字經，因此被姑姑趕出去。

我們收到這封信的時候，法官臉色鐵青，我們也大驚失色。畢竟與我們先前的認知完全不同。她，真是這樣的女孩嗎？

我們把信件，連同信件下姑姑的簽名與指印，拿給女孩看。女孩沒有哭，她反問我，「你相信嗎？」

我，當然不相信，但是總要解決這個問題。有指印、有簽名，我要怎麼否認這是事實？傳喚姑姑當證人，應該可以，但是法官已經明白表示，姑姑年事已高，又臥病在床，如果傳喚不到，他不會堅持一定要傳喚。也就是說，這張證明，將會在法律上發揮作用。

我可以想像她父親得意的笑容了。

我立刻要她撥打電話給姑姑，並且錄音。她堅強的點點頭，拿起手機，開始撥打。

透過擴音，我聽到一個慈祥的老媽媽，在關心她的女兒。女孩問到，「你到底有沒有簽下任何文件？」姑姑想了一下後，是這麼說的：

「那天你爸來找我，問我現在好不好。我跟她談起了妳，要他好好的在以後彌補妳，不要再告妳了。他沒有說什麼，但是拿了一張空白的紙讓我簽名按指印。我問他什麼用途，他說，是要證明我的意識還很清醒，請我來法庭作證，要先這樣做，我就蓋了。」

聽到這些話，我以為她的線條可以柔軟下來，但是她卻開始放聲大哭，是那種聲嘶力竭的哭，跟原本她鎮定的表情大相逕庭。我想，她是心死了。

我們把這段錄音翻成譯文，交給法院。法官看到這段譯文，直接詢問原告的律師，「這是怎麼回事？」

原告律師似乎沒料到這一招，結巴的回應，「姑姑並不知道這是偷錄音，這種證據沒有證據能力，鈞院不應該列為證據。」

我冷笑回應，「你們的證據屬於偽造，才沒有證據能力吧。根據通訊監察保障法的規定，對話之一方有權利錄音，大律師要不要回去多念點法律再來表示意見？」

法官看起來了然於胸，他沒說什麼，只是疲倦的揮揮手，叫我們不要在法庭上有火爆的對話。

「原告，你要我怎麼相信你們的說詞為真？」法官嚴厲的問。

「我們再具狀補陳，並且請求傳喚姑姑的兒子作證，證明確有此事。」他補充這些話。

「姑姑的兒子在原告的公司上班，原告是他的上司，因此證詞應不可採，更何況，他離家已久，並未與父母同住，縱然證述任何意見，也屬於傳聞證據，證人只能講自己親自見到、聽到的事情，不能轉述聽別人說的意見，否則就是所謂的傳聞證據，在證據法則上並沒有效力。不能當做證據使用。」我立刻補充。

法官沒有再表示什麼，姑姑既然沒辦法到，兒子他也不願意傳喚，我們應該算是守住了成果，而且，他們犯了錯。

想要把他人塑造成妖魔，自己就必須是天使。父母對於孩子而言，應該是天使，但是，他們是嗎？就算是，也是背棄上帝的路西法（Lucifer）而已。

一年後，我收到她與她先生，以及孩子的全家福照片，甜甜的，一個新的家庭誕生。

可惜不是你

「這是不公平的！我要離婚，還要跟那個男人請求這六年來孩子的扶養費！」他憤怒的說，臉上青筋暴露，雙手握緊拳頭，似乎如果那個男人真出現在他面前，他一定會殺了那個男人。「這些年來，我太太陪我度過失業的時光、照顧我的爸爸、口口聲聲說容忍我的任性，原來都是假裝。」

我坐在這個男人的面前，思索著應該怎麼安慰他。「你怎麼發現這件事情的？」我問。

「哼，這個女人上個月帶著我女兒，不，她不是我女兒了，去醫院做體檢，過兩天我看到報告，我女兒的血型竟然跟我，還有我老婆都不一樣。我不過開玩笑的問了一句話，該不會是你跟前男友生的，她竟然臉色大變。我心裡知道一定有鬼。」他頓了一下，似乎有點恢復冷靜。「接著我就拿了女兒上小學吃剩便當的湯匙，還有她的頭髮，拿去跟我的頭髮做DNA比對，結果真的不是我的。」

「她不是我的，天啊，她不是我的！」他開始憤怒的敲打桌子，「我要怎麼活下去？」然後他開始嚎哭，是那種乾嚎，沒有眼淚，但是有深切的悲傷。

我皺了一下眉頭，心裡想這打擊真夠大的，養了六年的女兒，竟然不是他的親生子女。「你老婆知道你已經知道所有一切嗎？」

他點點頭，「我當天就跟她攤牌，她也承認了。但是女兒還不知道。那男人，就是她的初戀男友，後來初戀男友娶了別人，她『只好』嫁給我。」他特別在「只好」兩個字加重語氣，咬牙切齒，帶著恨意。

「也別這麼說，其實這六年你們應該很恩愛的。」我很無力的回答。

「恩愛？大律師，你想想看，如果是你，六年來，你以為你有一個可愛的女兒，漂亮的老婆，穩定的工作，幸福的家庭，但是你一覺醒來以後，發現老婆跑了，女兒不是你的，你會怎麼做？」他問。

怎麼每個當事人都喜歡這樣，「律師，要是你兒子被車子撞死、要是你老婆跟人家通姦、要是你爸爸酒後駕駛、要是你女兒被人家性侵害……」聽起來彷彿是我當律師，就得要把我家人拿進來一起陪葬，不然就沒辦法將心比心一樣。

「我，可能會想想我在乎的是什麼吧。」我說。但其實我心裡的真心話是，「如果是我，可能會殺了那個加害人或是用盡一切方法折磨他之類的。」不過如果我真的這麼說的話，應該會嚴重違反我的工作倫理。

「我不懂，你不要講這種我不能理解的話。」他說。

「你想想你老婆，除了這件事情，這六年來她有背叛過你嗎？在你失業的時候，是誰陪你一起度過沒飯吃的日子？是誰在你爸爸病危的時候照顧他？你在跟辦公室的小妹曖昧的時候，她有沒有容忍你？想想你們以前的美好時光，這六年來你們一起吃了多少苦？」我一口氣像是連珠砲一樣的講完。「還有你女兒，你從小看她長大，她有沒有很貼心？你陪她一起上幼稚園、小學、她笑、她哭，你會跟著她開心、心碎，你曾經發誓要保護你的女兒，不論她有什麼委屈，你都是她的那座山。現在呢？」我反問他，「這六年都是假的？」

「不是假的。」他說，「但是這孩子終究不是我的。」

「你要考慮帶你太太過來，我跟她談一下嗎？」我問。

他沉吟了一下。「好，我會帶她過來，看她怎麼說。」

三天後，他帶了妻子過來，當然不是手牽手。他們兩個分坐對角，場面有點尷尬，空氣中瀰漫山雨欲來的氛圍。

我試圖打破這種氣氛，開玩笑的說：「又不是要離婚，不要這麼嚴肅。」

男人立刻回應，「離婚也可以。我不反對。」

女人帶著眼淚說，「如果這六年對你來說沒有意義，我想，我也同意離婚。」

這下我發現，我把自己推入罪惡的深淵了。我連忙打圓場，清了清喉嚨說，「呃，其實事情不是這樣的。」

這對夫妻竟然異口同聲說，「不然是怎樣？」

我尷尬的乾笑，「呵呵，也不是怎樣，今天是希望你們可以談談有關於孩子的事情。」

男人憤怒的說，「我一直想問，為什麼她不在一開始的時候，就告訴我實情？」他刻意不看她的女人，就像是對著空氣說話。

「我怎麼可能會說？律師，您想想看，怎麼會有人這麼惡劣？這孩子雖然不是他的，但我都要嫁他了，是要我怎麼說出口？」女人也氣呼呼的對我說。

我雙手一擺，「你們就不能想想這個小孩嗎？」

兩人都沉默了。然後女人率先打破冰冷的空氣，「我捨不得這六年。」

但出乎意料的，男人卻咬著牙說，「我這六年，就是一場騙局。」他終於看了她一眼，但是雙眼似乎要噴出火花，「我不要了。通通不要了。」

女人楞在當場，站起身來，把座位拉開，頭也不回的甩了門，離開會議室。

我苦笑，「這就是你要的嗎？」

「律師，我們進行訴訟吧。」男人疲累的說，「就讓司法還我公道。」

我忍住不說話，但是心裡一直在想，「司法何能還誰公道？是那個六歲小女孩的公道嗎？還是你自以為是的公道？」

男人堅持要我提告，也就是「確認親子關係不存在之訴」。所謂確認親子關係不存在，就是婚生子女否認的訴訟。如果婚姻關係存續中所出生的孩子，血緣與男方無關，這時候男方就可以在知悉後兩年內，提起否認親生子女的訴訟。另外女方與小孩也可以提出這樣的訴訟。只是通常女方應該在「孩子出生後」兩年內就應該提起，而不是「知悉後」兩年內提起，主要的原因在於，一般而言，到底孩子的父親是誰，女方總是最明白，不過也有極少數的女方到了血緣鑑定的結果出爐才知道。至於孩子，也可以在「知悉後」或「成年後」兩年內提告。

如果提告的時效超過兩年呢？那麼原告就會因為兩年超過而敗訴。而為什麼是兩年，其實立法者的設計，是希望維持家庭的和諧與安定，並且以保護兒童的利益為主。都已經給了原告兩年的時間考慮，結果竟然沒有提告，一定是考慮到家庭因素，當然往後就不容許原告反覆再提告，這樣的設計倒是符合人性，不過就苦了孩子的原生父親。舉例來說，在電影《不能沒有你》的劇情中，生父因為與女人發生婚外情，生下了孩子；但是只要女人的配偶不提婚生子女否認之訴，孩子就不會是生父的孩子，當然就更不可能認領。

一般而言，根據家事事件法的規定，首先就要進行調解程序。調解當天，他沒有到，但是她到了。她看到他沒來，不想說話，只是不斷的掉淚。調解委員怎麼勸她講點什麼，她都不說，只是最後離去時，輕輕的說了一段話：「他從那天以後，就離家出走，孩子每天吵著找他。他既然不要這段婚姻，調解應該也不會有用了。」她看了我一眼，「無論如何，我還是請律師轉告他，請他回家。」

三週後，法官決定開庭。傳票上面記載，請本人務必到庭。因此，我請男人一定在當天要到，看到「請本人務必到庭」這幾個字，我大概知道法官想做什麼。我打了電話給女人，要她記得帶孩子來。她有點訝異為什麼我會請她這麼做，但是她還是答應我了。

法院的管轄相當有趣，台北地區是最混亂的地方。舉例來說，新北市新店區的管轄，竟然是台北地方法院；新北市汐止區、淡水區的管轄，竟然是士林地方法院；這大概與新北市的永和區有中和路、中和區有永和路差可比擬。我們當事人的戶籍雖然在新北市，卻也移到了台北地方法院的新店家事庭。

家事庭，向來都需要開很久。原因當然是家事與一般債權債務關係不同。家事往往兩造當事人都有許多怨恨要說，但是欠錢不過還錢，事實的明確程度，後者當然要高多了，因此家事法庭動輒開庭時間都是一小時以上。如果我們看到法庭竟然家事案件只排十分鐘的時間，那麼可預見的，開庭將會嚴重延遲。

我們那天的情形就是這樣。

既然延遲，我只好跟男人好好聊聊。而女人，意外的並沒有帶任何的律師，只有孩子。孩子不曉事的在法院裡遊戲，看到男人時，渾然不覺男人已經不要她，急著飛奔過去他懷裡，「爸爸，我好想你，你去哪裡了？」然後開始哭泣。

男人眼眶都紅了，說：「爸爸對不起你。可是我真的很難過。」

女兒止住了眼淚，摸摸男人的頭，「不哭，我幫你想辦法。」

男人一聽更難過了，眼淚就這麼掉下來。一直喃喃自語，「爸爸對不起你。」

女人在旁邊欲言又止，但終究沒有阻止孩子。

我把男人拉開，厲聲道，「你不是不要她了，狠心一點。」女人有點訝異的看著我，沒多說什麼。男人則是沙啞的說，「我捨不得她，我怎麼辦？」「沒怎麼辦啊，把她還給她親生父親，不就是你想要的？」我無所謂的說。他抱緊女兒，「我捨不得她，真的捨不得她。」女兒聽不懂父親想幹嘛，「我沒有要離開你啊，我很愛你。」她天真的說。

男人哭得更大聲。

通譯通知我們開庭了。男人、女人與女兒，一起入庭。

法官有點訝異，「誰要你們帶孩子來的？」

女人訝異的說，「不是法院要我帶來的嗎？」

法官看了我一眼，沒說話。他直接問女人，「關於起訴狀附件中的DNA鑑定報告，被告有無意見？」

女人正要說話，男人開口了，「法官，我不告了。我可能拿錯檢體了。」除了我以外，法庭上的人全數大驚失色。

法官轉過頭問男人，「你可以再確認嗎？你不告了？」

他擤了鼻涕，「是，我確定。這孩子是我的。」女人不可置信的望著他。而孩子似乎有點聽懂，但是疑惑的看著這個父親。

法官吐了一口氣，「是啊，回家好好跟她們兩個美女聊聊，特別是你太太，她現在心裡一定更不好受，你真的愛她們，就應該放下六年前的那場意外。」他說。

他站起來說，「謝謝法官。我想，我只是害怕。我不知道這個家會不會垮掉。」

「不會啦，只要你們深愛彼此，家就是完整的，沒人可以摧毀。」法官說。

案子就這麼結束了。女人離去前，意味深長的望了我一眼，輕聲的跟我說，「謝謝。」

男人牽著這小女孩的手，小女孩不解的問父親，「你剛剛不要我？」男人又哭又笑的說，「寶貝，怎麼可能？」

對啊，看了這個可愛的小女孩，怎麼可能？

在屋簷上跳舞

你知道為什麼比爾蓋茲想要把百分之九十八的財產捐出來嗎？郭台銘為什麼又要把九成的財產捐做公益嗎？

那天晚上的對話，相當不愉快，在每天都有十通以上電話諮詢的樣本中，其實很少見。我難得的動了脾氣，但是他仍然搞不懂我為什麼生氣（或者感受不到我的怒氣）。

「律師您好，我是陳小姐的朋友，我有繼承方面的問題想請教您。」來話的人說得客氣，所以即使已經是晚上九點，就算我不知道陳小姐是誰，但我還是願意瞭解他的疑問。

「我的問題是，我要怎麼把我父親給弟弟的房子要回來？」他說。

「我的疑問是，你父親贈與給你弟弟房子，關你什麼事？」我覺得他的問題完全錯誤。他似乎聽不出他問題已經出現錯誤，仍然繼續追問，「我父親怎麼可以把房子贈與給弟弟？這一點都不公平！」

「你沒有回答我的問題。這房子是你的嗎？不然你憑什麼認為不公平。」我一字一句的問，乾脆把話講清楚。

他似乎沒料到我會這麼問，他楞了一下以後回答：「當然不是我的，這是我父親的。」

「這就對了。不是你的，你父親要分給誰，哪裡不公平？你父親的財產，你曾經有貢獻嗎？他買了房子，你有出錢嗎？如果都沒有，他想給誰就給誰，什麼時候輪到你說話了？」我一連串的把想說的話講出口。

「律師，我父親過世以後，這財產如果沒有贈與給我弟弟，那麼就是遺產。這棟房子是我父親僅剩唯一值錢的東西，他送給弟弟，我什麼都沒有，還有什麼公平可言？」他這麼問我。

「哼哼，」我竟然冷笑，「你父親值錢的東西可多了，不是你想得到的。你父親沒死，這就是他的，他想給誰就給誰。」

「天下萬物，朕賜給你的，才是你的。朕不給的，你不能搶！」我補了這句話。

「啊？」他應該沒看過周杰倫的黃金甲。

「沒事。」我轉變話題。「我是說，你父親最值錢的東西不是這棟房子。還有，只要他還在世，這房子他想給誰，那就給誰，你不應該有意見。」

「那麼我可以請我父親把房子拿回來嗎？」他問。

「你父親想嗎？」我覺得他父親應該不知道他打這通電話。

「他絕對沒問題！」他說。「我想請教律師，要怎麼樣才可以把已經送給別人的東西要回來？」

「送給別人東西，這在民法上稱之為贈與。談到贈與，在把東西移轉給別人之前，都可以撤銷不給。例如說，答應別人要送房子，在房子沒過戶登記前，可以不給。禮物在送給別人之前，可以不送。但是，不動產一旦登記、動產一旦轉到別人手上，那麼原則上就不能反悔。」總算談到重點了，我想。

「有原則就有例外是吧？」他問。

「是有例外。第一種叫做附負擔的贈與，例如小明的爸爸跟小明說，如果考上律師，就送他一本六法全書。如果先給了六法全書，但是小明一直沒考上，那是可以主張取回來的。

第二種叫做贈與後犯罪，也就是說，當送完禮物後，接受贈與的人，竟然對於贈與他東西的人，或者是這個人一定親等的親屬，犯下傷害、恐嚇等等刑法上規定的罪，這時候也可以撤銷贈與。最後一種是不盡扶養義務的撤銷，例如爸爸給房子以後，孩子就裝死不扶養爸爸，這時候也可以主張撤銷。」我盡力用最淺顯的方式跟他解釋。「請問，你弟弟是哪一種情況？」

「我爸爸送給我弟弟房子的時候，沒有要求他任何義務；他也當然沒有犯下對我父親任何罪行；而且我爸爸這幾年都是我弟弟在照顧，現在也是。所以我想，應該沒有符合上面的條件。」他說。

「那麼，你父親在法律上，就沒有任何權利要求把送人家的東西拿回來。」我說，「送了就送了，隨便可以反悔，你覺得這樣是正確的嗎？」

「但是這不公平！本來這些以後就是我們子女應該一起分的。」他像是鬼打牆一樣，反覆的說著所謂的「公平」。

我決定換個方式跟他說。「你看著你的手指頭，五根都一樣長嗎？」

「不一樣啊，律師您問這問題還真有趣。」他說。

「那為什麼父親對子女要一樣好？」我問。

「這比喻很怪。」他嘟囔著說。

「我再重複最後一次。你父親的財產，想給誰就給誰。即使他現在想撤銷，也不是他想怎樣就怎樣。我勸你還是死了心吧！」我不理會他的不懂。

「真的沒辦法？」他問。

我決定試探他。

「有，他們的交易在地政事務所，應該登記為買賣對不對？」我問。

「對，但是他們真正是贈與。」他說。

「好，我建議你，讓你父親去警察局自首，說他跟你弟弟的交易是假的，實際上是贈與。這時候父親跟你弟弟都會有使公務員登載不實的偽造文書罪，你覺得如何？」

「可以，我可以說服我爸這麼做。」他似乎活了過來。

但是我卻沉了下去，「你，太過份。」

安靜了好一會，我才又開口，「我不會幫你的，而且這一招一點用處也沒有。你弟弟還是可以擁有這個房子。」

「沒關係，但我只求您能否見我父親？」他果真不死心。

我決定給他最後一擊，「可以。我親自跟你父親溝通。」

他的效率果真很快，第二天早上就聯絡上我的祕書，而且約定了晚上的時間。當天的行程非常滿，我開了兩個庭、四個會，輪到他的時候，已經是晚上八點，但是看來他還是很希望我可以跟他父親談。

其實到最後一個會，我通常是很累的。因為我知道，後面大概還有十通上下的電話得回。不過，推開門進去，看到瘦骨嶙峋的老父親以後，一整個精神就上來了。

「您好，您要聽台語還是國語？」我記得他孩子講台語也會通，但是講完這句話的那瞬間，我覺得自己好像客服人員。

「律師啊，我聽不懂台語。」老伯伯以相當濃厚的鄉音告訴我，他應該是退伍的老兵。好，我可是歐基桑或老北北殺手。

「北北，您今天看起來精神很好。」我面帶笑容的跟他打招呼。「您今年貴庚？」

「我九十五了。」一邊比著九十五的手勢。

看來他精神抖擻，而且鄉音聽起來像是四川人。

「您一定可以長命百歲的！」我繼續保持愉快的氣氛。但是下一句話，可真的要進入真相了。

「請問北北，您為什麼要把房子給弟弟呢？」我問。

「這是眷村改建的房子。」看來他的腦筋很清楚，「我有五個孩子，但是長年跟老二住，他對我很孝順。有天國防部要我們去後備司令部辦理抽籤、繳費，他都幫我去做。我分到三十坪的房子，他也出錢幫我裝潢，所以後來五年後我就給他了。」

「您買房子的費用，是您的錢嗎？」我問。

「當然是啊，我拿了六十萬，加上又多買了四坪，大概四十八萬，總共給了國家一百多萬，都是我自己出的。」他說。

我轉過頭去問兒子，「眷村改建後的新建物，依法必須五年後才能轉售或轉讓，你難道這五年間，你都沒去看過父親？」我嚴厲的問。

「當然有，但是我不知道他已經想把房子給二弟！」他不服氣的說。

我又把笑臉換上，轉向老父親。「所以，您想把房子拿回來嗎？」

「我不要拿回來。」這父親回答了我最關鍵的問題。

我精神為之一振，轉向兒子。「你看，他沒有要拿回來，我沒辦法幫你了。」

父親接下來的話，卻讓我覺得很難過。

「律師啊，孩子從小媽媽就走了，我一個人把五個孩子養大。」他的手不斷抖著。「我五個孩子都疼，也希望他們可以過好日子。老二真的很孝順，所以我才會把房子給他。我知道我對不起老大，跟幾個弟妹比較起來，他沒拿過我一分錢。我很想給他一點東西，我也知道他委屈，但是我現在沒有錢囉，什麼都沒有。」

我看了他兒子一眼，「這就是你爸爸最值錢的東西。」我用台語跟他說。

「律師啊，我怕我也來日不多。但是大兒子的委屈我都知道，我會去跟老二講，叫他把房子拿去貸款，或者賣掉，把錢分給大哥跟其他兒女。這樣應該就會公平囉。」他慢慢的講著。

「北北，錢生不帶來死不帶去。」我靠近他，握住他的手。「我只希望您福壽綿長，笑口常開。」

他似乎不可理解的看著我。他的年紀是我的一倍以上，但是他混濁的眼睛突然明亮起來，我感覺的到。「你是個好孩子。」他說。

「啊？」我楞住了，因為很久沒人叫我孩子了。

「我會想辦法的，這房子是禍不是福。」他嘆了口氣。

我激動了起來，「您別管這檔子事了。」

我轉過頭，用台語跟兒子說，「我坦白說好了，你沒辦法把房子拿走。你根本不懂，你父親真正留給你們的禮物是什麼。」

他沒說話，臉色有點黯然。

「北北，您不要為這件事情煩惱了。老二如果不肯，您還有退伍俸，就過您的日子，每天遊山玩水，多看看這世界。別管這些俗事，您留給孩子的東西夠多了。」我說。

我站起身來，跟兒子說，「你走吧。」

他牽著爸爸的手，也站起來。

關門之前，他轉身對我說，「如果我二弟不肯這麼做，我還是要告他，即使拿不回來，也要讓他背上偽造文書的前科。」

我看了他一眼，「你知道比爾蓋茲為什麼要把財產全部捐出去嗎？」

我真心的希望他知道。

明天的我們是陌生人

在日劇《離婚辯護士》中，間宮貴子從原本的大型商務事務所離職，打算自行創業。但是，原本擅長的商務案件委託人紛紛消失，畢竟他們還是依附在大型商務事務所的招牌下，間宮貴子縱然再怎麼厲害，也難抵原來東家的優勢，因此剛開業時，幾乎沒有商務案件委託人，只有零星的離婚小案件。間宮貴子原本幾乎就要成為原事務所的合夥人，自然很難接受就這麼從商務談判的「大」律師，「墮落」成接受離婚委任的「小」律師。此外，對於這些所謂的「小」案件，她幾乎不懂如何辦理，對於這些客戶也不屑一顧。最後，助理提醒她，商務案件都接不到，如果再不接其他案件，事務所恐怕就會斷炊，她只好勉為其難開始接受這些所謂的「市井小民」委託案件，並且展開了她第二階段的律師人生。

深夜兩點半，開完晚上第二場會議，並且儘速的結束一個應酬後，我西裝筆挺，但滿頭大汗的站在秀朗派出所門口，回想《離婚辯護士》的劇情，心想我到底來這裡做什麼？我不是應該正在睡覺，或是在處理上市公司的「內線交易」事件嗎？

我回過神來，深呼吸以後，踏進派出所。警員大概一看就知道我是律師，比了一下當事人。當然，她還在嚎啕大哭。抬起頭來，第一句話就是問我：「我到底哪裡做錯？他為什麼要背叛我？這女人到底哪裡好？」一連串的問題，彷彿狂風暴雨，帶著心死的哭泣聲與極大的恨意，直逼我而來。

我倒抽了一口氣，故作鎮定的問她，「怎麼了？」

事實上，這位女士是我的當事人，先前處理她的離婚案件，下午才簽好離婚協議書，兩人約定明天要到戶政事務所登記離婚，怎麼知道半夜就出現所謂「抓姦」這件「意外」。

我嘆了一口氣，心想，「這男人未免也太心急。離婚協議書，並不能保障什麼。在兩人還沒有到戶政事務所完成登記以前，兩人都還是夫妻關係，也不能強迫履行離婚協議，這男人到底在急什麼!?」

她止不住哭泣與憤怒，歇斯底里的說，「下午簽完離婚協議書，我就知道他一定會去見那個女人，總算讓我看到這女人的長相了，原來就不過這副德性，他是中了邪是吧？」

我還是沒說話。在愛情的國度裡，不被愛的才是第三者。長相如何，很重要嗎？重點還不就在於愛或者不愛？

我比了一下手指在嘴唇，「冷靜，不要多生事端。」畢竟她現在批評那女人的話，如果又讓她聽到，不就又多了刑法上的「公然侮辱罪」？何必在這時候逞英雄？當時我並不曉得，其實她已經逞了英雄。

「我冷靜？我看到我老公穿條內褲，裸著上半身在別的女人家裡，你要我冷靜？」寧波女人的驕傲一股腦兒的流瀉出來，「我在寧波也是一等一的女人，嫁給他十七年，換來這樣的結果，你要我怎麼冷靜？」

警員在旁邊竊竊私語，「身分證都拿到了，也夠本了，到底是要怎樣？」

我看了警員一眼後，冷冷的說，「又不是每個人都想要台灣的身分證。」

許多的台灣人，都以為外籍配偶來台灣，就是要這張「值錢」的身分證，然而，這已經是過時的想法，台灣身分證不見得是每個外籍配偶夢寐以求的證件。舉例來說，許多中國籍配偶，寧願要保留原來的國籍，也不願意歸化台灣，原因竟然是，台灣的身分證並不好用。

她並沒有理警員說什麼，自顧自的說，「去年他失業，要我去酒家上班供全家花用。他窮，我不介意，一家幸福就好。我晚上陪酒，跟那些老男人瞎混，為的是什麼？還不就是這個家？三個月前還發簡訊給我。」一邊說著，手機簡訊打開來，滿滿的是他們的對話，諸如，「老婆，辛苦你了，謝謝你的付出」等等。

「接著他找到工作，樣子就不一樣了。」她恨恨的瞪了遠處的丈夫一眼，「娘西匹！嫌我髒了，嫌我臭了，竟然跟我提離婚，說我外面有男人。現在可好了，到底是誰有外遇？」

丈夫正在跟警員說笑，渾然不覺得遠處的恨意排山倒海，蔓延而來。旁聽的警員忍不住用臺語問，「瞎毬係娘西匹？」

我又看了他一眼，「蔣介石罵人都用這句話，你還是不要懂這個詞的意義好了。」

警員說，「不過大律師，有件事你還是得要知道。你的當事人打人。」

我大吃一驚，「什麼，打人？她打她老公？」

警員苦笑，「是的，不僅如此，你的當事人還打了另一個女人，就是她認為的小三。」

這下換我頭痛了，「好吧，長官，你讓我跟她溝通一下好嗎？」

警員點點頭。我揮了手，叫她跟我走出去。她大概知道我要說什麼，動了動嘴唇，似乎不太願意，但是還是跟我走了出門。

我站在派出所門口，顧不得形象，對這個可憐的女人破口大罵：「你是白痴還是笨蛋？

我不是告訴你，要去抓姦可以，但是不要動手動腳，你是腦袋壞了嗎？誰叫你打人？」

我生氣是有原因的。通姦罪，其實相當難以成立。就目前我所看到的證據，不過就是男人上半身赤裸，但仍著條內褲；但是屋內有第三者跟她的女兒。屋內的衛生紙不見得能夠檢驗出有體液的反應。況且，就算成立，一般而言平均也不過就是判刑四月，可以易科罰金；但是傷害罪、侵入住宅罪，每項都比通姦罪判得重，她到底怎麼了?!

她挺直腰桿，彷彿無所畏懼，理直氣壯的叉腰對我回嘴，「你們台灣人是怎麼搞的？老婆不能打老公的嗎？他外遇，脫光衣服在一個『醜女人』家裡，我怎麼不能打人？娘西匹！你們台灣的法律真落後！到底是保障好人還是壞人啊？」

聽到她的話，我覺得啼笑皆非，「這是兩件事，打人就是不對。你先生外遇，有法律制裁，你如果不想要法律介入，你大可找黑道打他一頓，但是既然進了司法，就是只能依法處理，中華人民共和國哪一條民法規定，發生外遇的時候，老婆可以打老公、老公可以打老婆？你找給我看，我立刻移民到中國！」

她楞住了，「我哪知道哪一條法律規定？」她很挫折的蹲下來哭泣，「但是我就是氣不過，他怎麼可以拋下這個家？我哪裡比不上這個賤女人？」

我點了點頭，但是心裡卻想著，即便這位第三者的年紀、外表，可能看起來都比不上她，但是，愛情要怎麼談比較？她的俗不可耐，或許正是他眼裡的清新可人。

因此，我沒說話。

警員走出門口，拍拍我的肩膀，「大律師，她該做筆錄了。她是通姦的告訴人，但是也是傷害的被告。對了，剛剛她先生說，皮夾裡的五千元不見了，是不是你當事人『取走的』？」

「唉！」我心裡暗嘆了一聲，但惡狠狠的瞪了當事人，「你知不知道這叫做竊盜？還不拿出來還人家？」

「大律師，他兩個月沒拿錢回家了，你覺得我不該拿他的錢？』她哀怨的說，「你也主持一下公道好嗎？你是不是我律師啊？」

「唉！」我又嘆了好長一口氣。「是的。就因為我是你律師，所以凌晨三點，我還在這裡處理你的家務事。你現在就把錢還他，不然我現在就走。法律，就是一碼歸一碼，你不要再拿別人的錯，作為你犯罪的藉口好嗎？」

她沒作聲，把五千元從皮夾裡拿出來，交給警員。

我柔聲說，「我以後會幫你要小孩的扶養費，現在先這樣，好嗎？就刑度而言，傷害罪是三年以下有期徒刑；通姦罪才一年有期徒刑以下而已。況且，告他通姦不一定會成立，畢竟你也沒看到他們之間有任何上床的情形，但是他告你傷害罪，卻應該會成立。你覺得你划得來嗎？」

聽到這些話，她突然開始崩潰大哭，「十七年，我的十七年這麼不堪啊！我們最後的收尾，竟然是如此！」

我眼眶有點紅，只能拍拍她的肩膀，「撤回告訴，好不好？」

她點點頭，止不住的眼淚，一直往地上滴落。

我要她先坐在外面休息，然後跟警員說，「我們兩方同時撤回告訴，這是我方唯一的條件。」

通姦罪，與傷害罪相同，都是告訴乃論之罪。所謂告訴乃論，就是刑法上有部分不涉及公益，法律容許由私人可以處分的罪名，容許告訴人撤回告訴，而檢察官對此部分不會再進行訴追的行為。對於他們而言，或許雙方都撤回告訴，是最理想的結局，畢竟這樣下去，只是徒增司法資源的浪費而已。

警員聳聳肩，既然兩方都已經同意和解，他當然不會說什麼。我們開始製作和解筆錄，雙方都放棄民事及刑事上的請求權，一切又都回到原點。

男人趾高氣昂的走出派出所門口，挽著她愛情的第三者。不，今天早上十點以後，他跟她的「前妻」，即將在戶政事務所登記離婚，而他的她，也即將扶正。

女人冷漠的看著這一切，冷靜的簽下了字，冷冽的乾笑幾聲，「原來都是一場空，律師，不好意思麻煩你了。」

我看了一下手錶，指著旁邊的便利商店。「別管你『前夫』了，我請你喝杯咖啡吧。」腦袋裡突然一直繞著「泡咖啡讓你暖手，想擋擋你心口裡的風……」這個旋律。

「分手快樂，離婚快樂！」我舉起了咖啡紙杯，笑著對她說。「看看咖啡紙杯上小王子的貼紙，狐狸曾經對他說，習慣依賴別人的人，就要承擔哭泣的風險。」我一個字、一個字的說，「你、自、由、了，不、用、哭、了。」

打開車門，關上車門，「碰」的一聲，打破一片寧靜，在小小的駕駛座裡，放著梁靜茹的歌，輕柔的歌聲，飄蕩在車廂裡，「不想過冬，厭倦沉重，就飛去熱帶的島嶼游泳……」我突然有點可以理解，自己為什麼喜歡這一行了。

法律，不是解決問題的答案，只有人性才是。

標準情人

她不是個漂亮的女生，她，毫不起眼。

她，在眾人眼裡，是那種走過身邊幾百次，可能都沒有人會看她一眼的女孩。不，不能說她是女孩，她已經三十五歲，應該算是女人了。戴著一副厚重的眼鏡，永遠的短髮，嘴唇偏厚，似乎很重感情，然而卻始終沒有談過一次像樣的戀愛。她認識的男人永遠只把她當做好朋友，或是始終停留在友達以上，戀人未滿的階段。她只有幾個女性的朋友，因為她不喜歡應酬，唯一的嗜好可能就是閱讀超商買來的《黑金總裁愛上我》、《皇帝老爸逼我嫁》、《穿越時空愛格格》等（書名為什麼都是七個字?!）等言情小說。她往往在看完這些小說後，一把鼻涕一把眼淚的為了劇中人物而感動，搭配大把的零食與可樂。希望她自己就是都塚涼，有天能遇到她的正宗飛鳥。

還好，網路克服了一切。她成為眾人眼中的白雪公主。

她在某個夜裡，在百般無聊之際，又連上了即時通。沒多久，有個男孩敲她。她不輕易跟網友見面，應該是說，她絕不見面，只談短短的網路戀情而已。

這個男孩很特別，不問她的長相、年紀、住哪，也不是那種一上來就急著約砲的急色鬼。他自稱是電腦工程師，在某上櫃公司工作。他把所有的資料都告訴她，公司住址、分機、有哪些朋友，一五一十的跟他分享。他說，被公司派來香港工作兩個月，只能靠上網跟朋友聯絡，無意間找到了她，這個他心目中最好的女孩。

她是不相信他的，畢竟網路是虛幻的，她輕輕的在螢幕前嘆了一口氣，「你真的有心要跟我交往嗎？我長得不怎麼樣喔。」她想，先告訴他，免得他之後失望。

「照片傳來，我要看。」男子不放棄的說。

她不喜歡拍照，因為總是拍不出她的神韻。這一次，她挑了張最不好看的照片給他，心想總是可以嚇跑他。

「你胡說，明明就很正。」他快速的打著字。

她笑了，在螢幕前，或許他真的是真命天子，「那麼我們在一起吧。」她忘了看他的照片，只知道他的名字，一個遙不可及的姓名而已。

他們開始以公婆相稱，距離他們認識只有三天。

因為他是機房的工程師，所以經常掛線，但不一定在螢幕前。她每天除了在便利超商的兼職工作外，只要有空，就會連上網去，看他在不在。雖然很多時候，都只有她在螢幕前獨白，告訴他今天發生了什麼事情，哪個客人是奧客等等。她覺得有個傾吐的對象，其實也就夠了。偶爾他會出現在螢幕前，告訴她情人節快到了，他要給她最甜蜜的禮物，就是他自己。他們會有幾個孩子等等。她的心裡甜滋滋的，想著這一次的愛情，終於可以有結果。即使，這是三天內發生的事情。

「老婆，你在嗎？」螢幕前傳來這幾個字。

她看到跳出的視窗，心似乎也跟著跳出來，「怎麼了？」她把手中的洋芋片放在桌上，快速的敲打。

「沒事，我有個兼職的工作，但是不能讓公司知道。客戶現在要匯款給我，但是沒有帳戶。」他一連串打了許多字，跟平素的「嗯」、「啊」，完全不同。

「少來，你該不會是詐騙集團吧？」她心裡那條警戒線亮起。「你怎麼可能沒帳號？」

「我們公司都會查員工的帳戶，所以我不能用我的帳戶接收匯款，但是我現在又急需要用錢。你可以把你的存款簿跟提款卡寄給我嗎？」末了還打了個笑臉。

她猶豫了，詐騙集團不都是如此嗎？但是，這一切聽起來很合理。他在香港，需要用錢，私底下兼差客戶的錢又不能匯進自己的帳戶。最重要的是，他是她的真命天子。

沒關係，她有他的名字、公司名稱、職稱、分機，這一切總不會是假的吧。

「拜託你了，親愛的老婆。我一週內就會回去了。我回台灣的那一天，剛好是情人節，我可以用這筆錢買很多的禮物給你。」末了又一顆愛心。

她啐了他一口，「人家才不要你送我什麼禮物。你最好的禮物就是你自己。省點花錢，趕快回來台灣，我等不及要見你了。」

「那你可以寄到我一個朋友家裡，他的住址跟名字是，新北市永和區……」他快速的打著住址。

「等等，怎麼會是寄到朋友家，不是寄到香港？」她問。

「香港住址是公司宿舍，會被發現的。」他很快的回應，「況且，我捨不得讓你花這麼多郵資啊！」文字後面又多了一個吻。

這麼體貼？她心裡想。「好吧，我會想辦法。」她決定要問清楚再寄。

第二天，她打電話到公司去，想不到總機竟然回答，沒有這個人。她氣急敗壞，心想差點被他騙了。

又是漫長的一天，終於等到他又上線。

「親愛的婆，你寄出來了嗎？」一上線立刻就問了這個問題。

「……………………」她沒回答，只是打了一段刪節號。

「婆，你怎麼了？」螢幕逐漸出現這幾個字。打得她心痛淚流。

「你，我問過總機，公司根本沒有你這個人，為什麼要騙我？」她忍住痛，還是問了。

一陣靜默後，螢幕再度跳出幾個字，「你怎麼可以不相信我？我這麼愛你。」

「我們公司這麼大，是上櫃公司，我又經常在外面跑，總機是新來的，她怎麼會知道我？」他的怒氣突然迸發。「沒關係，你不信任我就算了，枉費我還想跟你共度一生，連這麼簡單的事情都不相信我，你到底是怎麼了？你以後不要叫我老公了，我不想再見到你。」

螢幕跳出的字眼跟子彈一樣，掃得她無地自容，似乎查他是不對的，問他是罪惡的。

我不想離開他！她心裡這麼想，「對不起，我跟你道歉，都是我不好。」她立刻回應。

螢幕前出現好幾個哭臉，她心軟了。「我明天就寄，好嗎？請原諒我這麼幼稚。」她說。附送好幾個吻。

另一端沒有任何回應，她的心臟幾乎要跳出來。

「不要懷疑我，但是我原諒你了。」她終於看到這一行字，心裡又雀躍了起來。存款簿與提款卡，很快就寄了出去。

此後的兩天，她沒有再跟他提這件事，兩人還是一樣的聊天，討論著孩子要生幾個、新家要買在哪裡，如何佈置。

三天後，她再也見不到他，螢幕前的那個愛她的男人消失了。她開始警覺到，似乎真的是詐騙集團。

然而，為時已晚，她接到警方的傳票，她的帳戶已經是警示戶，警方要她到分局說明。

我看著厚厚的一疊即時通對話記錄，確認她告訴我的，完全是事實。

「二百八十幾頁，對話記錄算是多了。」我說，「但是你們在十天內，從相識到相愛到分手，從陌生人到公婆到離婚，也真夠快。」

「律師，他真的很爛！」她氣憤的說。

事實上，後面的三十頁，都是她一個人的獨白，要這個男人出面說清楚，為何她，心愛的老婆，會被警方約談。

我搖搖頭，「說真的，這裡面疑點真的很多，要是我是你，我不會相信這男人。」

她低著頭，沒說話。眼淚撲簌撲簌的往桌上滴。

「好啦好啦，我知道你相信他，但是現在總是要解決問題啊。」但是我實在不知道怎麼解決眼淚的問題。

「我不相信他，但是我相信我的愛情。」她咬著牙說。換我不知道該怎麼辦了。

「但是法院不會根據你的愛情來下判決啊！」我說。

「律師，你覺得我無罪的機會有多大？」她問。

「無罪？幾乎是不可能。目前實務上這種騙取提款簿以後，然後提供給詐騙集團當做車手用的工具，幾乎都是有罪，就算不是共犯，至少也是幫助犯。」我說。「法院會認為，以你這樣的年紀與工作經驗，應該都有聽過詐騙集團的手法，也知道不可以隨便把提款卡與帳戶交給另一個人。也就是說，法院一般會認為，你把提款卡與帳戶交給別人，應該有預見會被詐騙集團利用，幫助詐欺的可能性，因此一般而言，都會以共犯論處，至少會成立幫助別人犯罪的情況。」我一口氣說完。

「那麼，如果我有罪，會被判多重？」她問，總算冷靜了一些。

「一般而言，如果你認罪，大概會判有期徒刑三個月上下。」我說，「不過危險的在後面，也就是說，如果你認罪，將來的民事賠償你也就得要照單全收，因為你這樣的行為，在民事賠償上，屬於共同侵權的行為，你和詐騙集團必須對於匯到你帳戶裡的錢，負連帶賠償責任。」

「也就是說，如果總共匯入我帳戶的金額是五十萬，我就得賠償這麼多錢，即使我根本沒有拿到任何的贓款？」她問。

我艱難的點點頭，因為我得告訴她事實。「所以這是你認罪，必須考慮的問題。」

她又沉默了。

我看著她的臉，眼淚還是不停的掉，無聲。

「律師，你是說我應該逃不過嗎？」難堪的沉默後，她終於開口問。

「可以選擇不認罪，一般而言也不會太重，至多是比原本的罪責重一些而已。」我回答，「但是你要挺得住，法院一般而言，對於這樣的事情都不會太寬容。」

「好，我不認罪。」她抬起頭來說，不知何時，眼淚她擦掉了。

「唉」，我心裡想。「果然遇到愛情，每個人都是無敵鐵金剛。」

果不其然，檢察官不能採信她的說法，案子很快就被起訴，移送到地方法院。法院開庭前，我再度跟她確認了一次。「你真的不認罪？」我問。

「我不要認罪。我沒有錯。」她說。

法庭內沒有人旁聽，我和她孤獨的坐在被告席。

法官看來已經很累，畢竟已經一整天都在審理犯人，我們是最後一庭。法官先請公訴檢察官陳述起訴要旨，檢察官只是簡單的說，「如起訴書所載。」

法官先是向被告表示，她涉犯詐欺罪，可以保持沉默，無需違背自己意思而陳述，可以選任辯護人，可以請求調查有利的證據，將所有權利宣讀完畢後，他終於詢問了被告，「請問被告對於檢察官起訴的事實是否認罪？」

「我不認罪。我沒有做騙人的事情。」她回答。

法官沒有多說話，直接請辯護人表示意見。我站起身來，「審判長，本件被告對於交付存摺，可能會讓詐騙集團使用，並沒有預見可能性。因為本件被告是因為被感情蒙蔽，所以輕信網友，交付帳戶。從即時通對話中可以發現，被告曾經詢問過此一男子，究竟為何需要帳戶，男子也提出充分之理由。衡諸一般戀愛中之男女，既然男子提出之說法難以驗證，又很難以理性判斷上開理由是否為真，則被告基於與該男子共同生活之目的，而交付帳戶，應不能論以詐欺罪之共同正犯。請庭上斟酌。」

法官看了被告一眼，連正眼都不瞧我，「被告，你怎麼可能沒有預見可能性？」

「啊？」被告楞住了。

「就是說，你怎麼可能不知道，存摺不能隨便交給別人？」法官重複了一次。

「因為他是我老公。」她執著的說

「老公？十天就可以有老公？」法官不可置信的問。

「不是，法官大人，是三天。」她更正法官的話。

我忍住笑，因為我知道法官一定不肯相信，畢竟法官大人看起來如此的正經。

「好，whatever。」法官突然講了英文，「你說三天，你就相信一個陌生男人，而且把帳戶交給他，這是常態嗎？」

「當然不是，我從來就沒有相信過男人。」她說，「大部分在網路上把妹的男人，他們只想約砲。」

我要阻止她已經來不及。

「約砲？」法官皺了眉頭，似乎不是很懂這個名詞。

「審判長，這不是很重要，我們會以書狀補陳。」我懷疑這位將近五十歲的男法官，真的知道這個意思。

他似乎也不想聽，「那麼如果辯護人要聲請調查證據，請在一週內補陳，本件候核辦。」說完他就離開了，檢察官也把卷宗收齊走人。

她錯愕的問我，「就這樣？什麼是候核辦？」

「候核辦呢，就是等候通知核定辦理，白話文來說，就是叫你等幾星期，之後會發開庭通知給你，準備開審理庭。」我說。

「喔。」她似乎還是不太懂。「那我這段時間要做什麼？」

「pray with heart。」我賣弄了英文，「就是祈禱搏杯了。」

其實我心中早有定見。

一個月後，審理程序開始。

法官依次調查證據，主要的證物當然是即時通的對話記錄。

「我們認為即時通的通話記錄沒有證據能力。因為這些通話記錄並非刑事訴訟法上的文書。」檢察官說。

她很緊張的看著我，低聲問我，「這是什麼意思？」

「沒有證據能力，就是嗯，等一下再告訴你，沒空啦。」我不想理她，因為我得要回答法官的疑問。

「審判長，這當然有證據能力，否則我們請檢察官跟我們一起勘驗電腦，把所有的記錄都列出來，有必要的話，我們可以鑑定這些譯文是否為真。」我悠哉的說，因為法官應該不肯這麼做。

「本院會針對此部分考量，但是本院認為，勘驗與鑑定都沒有必要性。」果然如此，通常這樣的話，這些文件就可以進入法律程序加以評價。其他不過是行禮如儀。法官正要準備結束調查證據，順口問了我，「請問辯護人是否要詢問被告？」

一般而言，很少有辯護人會在這時候詢問被告，畢竟被告怎麼可能說出對自己不利的話？我舉手向法官說，「請求對被告詢問。」

法官有點驚訝，但是還是讓我問，只是叮嚀我，要快點結束。

「請問被告，你第一次在現實生活中談戀愛，是什麼時候？」我問。

她似乎被我嚇到，畢竟這不是我們預想的劇本。她頓了一下以後，低聲問我，「你要我回答這個幹嘛？我有必要說嗎？」

檢察官立刻提出異議。「此問題與本案無關。」法官立刻要我說明關連性。

我慢條斯理的解釋，「報告審判長，既然預見可能性與生活經驗息息相關，我當然要問這些問題。」

法官點點頭，但是口頭上還是說，「請辯護人簡短發問，不要浪費時間。」

她低頭說，「沒有。」

「請問被告，你有沒有在網路上交過男友？」我接著問。「當然有。」她很快的回答。

「見過面？」我問。

「沒有。」她答。

我看得出來檢察官很想異議，不過應該是我問的問題太有趣，他沒有阻止我。

「那麼，請問你在網路上曾經叫過老公的有幾個？」我問。

「一個。就是他。」她堅定的說。

「為什麼，三天可以叫陌生人為老公？」我問。

「因為我覺得，他就是我愛的人，感情這種事情很難說，我是相信他的。」她眼眶突然有點紅。「審判長，我沒有問題了。」我說。

法官也沒有繼續多問，只是結束了調查證據程序，最後請我們雙方辯論。檢察官只簡單的說，「被告犯行明確，請依法判決。」

我可有好多話要說，「審判長，被告對於本件確實沒有預見可能性。就兩人的對話來看，被告在一開始有所懷疑，那是正常反應。也就是說，被告確實對於她的存摺有可能作為詐欺工具有所懷疑。但是，被告因為從沒談過戀愛，也未曾在網路上稱呼他人為老公，是以決定把感情託付給這個人。最後縱然她被欺騙，但是網路上的感情就是如此。她，沒交過男友，現實生活中我們可能都不會看她一眼，在她的人生中，從來沒有人在這麼密集的時間內，對她噓寒問暖，對她而言，當然會相信這個人。辯護人認為，如果因此要讓被告背負如此沉重之罪責，無異否定被告之人格，認為被告是無可救藥的笨蛋，輕易被男人所欺騙。請鈞院考量被告的特殊感情生活經驗，予以無罪之判決。」我一口氣說完。

書記官快速的把我所說的話記完，我要確定一字不漏。問完前科後，法官簡單的請被告做最後的陳述。

「對於被騙，我認罪；對於詐欺，我不認罪。」她不曉得從哪來的靈感。

法官搖搖頭，似乎想說些什麼，但是他終究還是沒有說。

感情的事，究竟誰會有罪？或許只有始終不曾參與的那一方，才是真正的有罪，我是如此的想。

為愛犯了罪

晚上十一點，新北市警察局中和分局，我還在這裡。

看著呼呼大睡的當事人，我有點百味雜陳。畢竟我不認識她，是因為她的大哥是我的朋友，現在我才會在這裡。在上班已經十四小時後，接下來的長夜，才剛開始。

她呼呼大睡，似乎渾然不覺等一下會遭遇的刑責，是無期徒刑或死刑。販賣一級毒品，在台灣的刑責相當重。

我嘆口氣問刑警，「大概什麼時候可以幫她做筆錄？」

警員看著我說，「大律師，等她醒了再說吧，你看她這個樣子，怎麼做筆錄？」

我無所謂的聳聳肩，反正就是浪費時間而已，橫豎今天晚上應該不會有其他事情了，就在這裡等吧。

我坐在警局裡，看著形形色色的人。這裡越晚越忙，有酒醉駕車不服取締的民眾，猶自醉醺醺的喃喃自語；有車禍兩造當事人在做筆錄；還有夫妻吵架幾乎大打出手。當然，今天查緝到的最重大案件，就是這件查獲數量高達二公斤的販賣一級毒品海洛因案。

我國對於毒品大致上分為四級，以最常見的毒品為例，一級是海洛因、鴉片等；二級是大麻、安非他命、搖頭丸；三級是K他命；四級是一粒眠。海洛因有許多不同的名稱，包括白粉、四號等，一九六〇年代香港的撈家，大概獲利的來源，都是海洛因為主。海洛因這種毒品，長相就像是白色粉末，可以透過吸食或是燙食的方式服用，當然也有人將海洛因加入葡萄糖或是其他雜質後，以針筒施打，以享受更強烈的「快感」，甚至混用其他毒品。然而共用針筒，往往因此染上愛滋病或肝炎；而混用毒品則有高致死危險性。

在我們認識的黑道朋友中，對於施用毒品及販毒的人，一概敬而遠之。說「敬而遠之」或許是客氣了，因為根本不會有敬意可言，應該說「避而遠之」是比較適當的。一旦吸毒，這個人大概毀了五分之四，而剩下的五分之一，要看能不能戒斷。當然，戒斷的可能性並不高，所以可以說，接觸毒品的人，大概也就是廢物了，根本沒辦法作正事，甚至為了取得毒品，什麼樣為非作歹、喪盡尊嚴的事情都願意去做。所以在港片裡不乏出現左右手背叛老大，都是因為染上毒癮後，無法自拔。

我心裡想著港劇裡的這些故事，一邊耐心的等她清醒。

她總算醒過來，雖然還是止不住眼淚一直流，並且還是繼續打哈欠。

其實，警局陪訊是一件相當無趣的事情，只能記錄現場發生什麼事情而已。因為律師只有在場權，並沒有辯護權。我們在電影中看到的三項權利之一：「你可以保持沈默，但你說的話將來作為呈堂證供。」在美國稱之為「米蘭達法則」（Miranda's rule），現實生活不是這麼說的，大概會是「你可以保持沈默，無需違背自己意思而為陳述」。這句話被告通常都聽不懂。不過聽懂也沒好處，因為如果真的想要行使緘默權，而又罪證確鑿，下場可能就是檢察官向法院聲請羈押並且求處重刑。

律師不太建議行使緘默權，又不能為當事人辯護。最多就是只能注意有沒有刑求等違法取供（這在現在的台灣可能性很低了）、有沒有筆錄記載錯誤、有沒有強迫被告認罪等等，因為刑事訴訟法要求，偵訊時必須全程錄影錄音，所以辯護人大概不用太擔心承辦警員會違法，許多時候，警員比律師還要擔心這些問題，因為一旦偵訊筆錄出狀況，不僅要吃檢察官的排頭，所有的偵查工作也會因為小疏忽而功虧一簣。

承辦警員打開卷宗，正要開始對她做筆錄，她立刻很不耐煩的說，「都是我的，不用再問了。」

我一聽大驚失色，因為如果都是她的，以數量這麼龐大，有可能會被判處死刑。即便認罪，也是有無期徒刑的高度可能性。我連忙阻止，「你要不要想清楚再回答？」

她斜眼看著我，冷冷的問，「你是誰？」

「我是律師，是你大哥叫我來的，如果你不愛惜自己的生命，我也沒什麼好說的。」我沒好氣的回答。畢竟現在已經是凌晨一點，我實在犯不著為了這樣的毒販熬夜。「不然我可以解除委任，現在就離開。」

「我男朋友呢？」她問。「他怎麼沒有幫我找律師？」

「聽著，你男友是誰我不知道。但是，你現在最重要的不是男友，而是你等等就會進去看守所，請你把話講清楚，並且陳述事實，否則你請誰來都沒用！」我惡狠狠的說。

她似乎被我的語氣嚇到，警員打字的手也凝結在半空中。她像是鬥敗的公雞，直接說，「好吧，你想聽什麼？」講完後又忍不住流鼻水。

這似乎是海洛因的毒癮發作症狀，我在想。

警員詢問她有關於毒品的持有者跟來源。由於查獲的地點是在男友的家中，她只是剛好獨自一人在那裡睡覺；而男友又已經逃逸無蹤，因此她的嫌疑雖有，但不重大。只是她給了大家一個驚訝的答案：「他有一半，她也有一半」。

我心中暗罵了一聲，因為持有一公斤，不會比較好，難道這就是所謂的「折衷說」？這種折衷說，並不會讓她的罪責減輕，畢竟持有一公斤，還是天價與天量。如果被判有罪，刑期還是會介於十五年至無期徒刑間，而且無期徒刑的可能性很高。

偵訊結束了，不過她還是被檢察官聲請羈押獲准。不過意外的地方不在這裡，原本就預料，既然所犯者是販賣一級毒品，數量如此龐大，而另一名共犯也還沒有到案，收押禁見是正常的。然而，檢察官卻意外的出示了通訊監察譯文，詢問被告，這些電話的通聯記錄與內容，是否真的是她本人。

通訊監察譯文，就是俗稱的「監聽譯文」。許多人對監聽有所誤解，認為監聽無所不在，然而事實上並非如此。監聽只是偵查的手段之一，就和搜索一樣，不需要罪證確鑿才可以監聽，只要是有相當證據足認有犯罪嫌疑，即可由法官核發監聽票。監聽票一旦核發，檢調單位就可以合法的在二個月內對於手機或電話在機房內掛線，並且將掛線所得與案件相關的內容做成譯文，供檢察官辦案使用。目前的監聽，主要都是在於防制毒品與貪瀆案件居多，並不是只要犯罪，就會被監聽。

這些監聽譯文，滿滿的記載了她與其他人的交易過程，包括地點、簡訊內容、通話內容等等，交易的品項主要是神仙水、搖頭丸，但是其中包括了一次海洛因的交易。這些對話站在局外人的角度其實會很好笑，例如：

「你上次帶來的那一瓶四神湯很好吃，還有嗎？價錢多少？」

「有啊，等等給你。一樣七。」

「這次的漂亮小姐不錯，還可以帶出場嗎？」

「就是透明的那個嗎？」

這種對話，在監聽譯文中屢見不鮮。通話的被告都以為這樣的密語不會被破解，但是實際上檢調單位在偵辦的時候，往往就會問，「四神湯為什麼是一瓶？不是一碗？」「四神湯？你家有賣？成分有哪四種？」「七是指什麼？七百七千還七萬？」「漂亮小姐哪裡透明？是衣服透明還是皮膚透明？」往往我看到這種譯文，都會為這些人感到好笑，怎麼可能覺得這樣就可以逃脫審判？

她遲疑了一下，認真的看著這些譯文。她猶豫的說，「這些並不全部都是事實。我不能肯定。」

檢察官無所謂的說，「那你可以先在看守所內想一想，我會聲請羈押，你考慮清楚以後，我們再繼續討論。」說完以後，揮手叫我離開，也指揮法警把她暫時帶進拘留室等待法官召開羈押庭。

經過法官簡單的審理後，她果然被收押禁見。我在離開她的時候說，「我這兩天會去看守所跟你討論案情。」

對我來說，毒販與吸毒者，其實很難信任，不是他們的人格有問題，而是毒品這種東西有問題。毒品，對於人的吸引力，一旦接觸以後，就像是《超自然檔案》」這部影集中，山姆（Sam Winchester）喝到魔鬼血一樣，喝了以後精神百倍，但是戒斷時痛苦萬分。有多痛苦呢？

以海洛英為例。一開始使用時，會產生愉快、安靜的情緒，也會產生不同的幻覺。但是往後如果斷癮，就會開始出現緊張、無法入睡、出汗、腸胃不適、四肢疼痛及痙攣等斷癮症狀。長期使用後，停藥會發生渴求藥物、不安、流淚、流汗、流鼻水、易怒、發抖、惡寒、打冷顫、厭食、腹瀉、身體捲曲、抽筋等禁斷症，所以成癮後極難戒治。

染上毒癮可以戒嗎？當然可以，但是，那是少數人，更多人的一生，就毀在毒癮手裡。

她第一次看到我，冷冷的說，「你覺得你可以幫我什麼？」

我無所謂的聳聳肩，「你不想委任律師也可以，因為你所犯的罪行，是三年以上的重罪，法院一定會派給你一個公設辯護人。」

「不要。」她說。「我都認罪了，要辯護人做什麼？」

「不好意思，你不能拒絕公設辯護人。」我回應，「無期徒刑雖然對你而言無所謂，但是對你的爸媽，還有你大哥而言，非常有所謂。你自己斟酌吧！」說完話後，我立刻起身，準備離去。

「等等。」談到她爸媽，她似乎有點軟化。「我不會出賣我男友的。但是你要怎麼讓我沒事？」

我冷淡的站著回應她，「我不可能讓你沒事，我至多讓你在法律的裁判下，依法規定讓你不用在監獄裡擺八十歲的壽酒。」

她有些氣餒，「讓我想一想。」

第一次會面，就在很不愉快的氣氛中結束，我準備要解除委任。但是她大哥，無論如何要求我再去看她一次。我勉為其難的同意了。

第二次見面，她看起來還是很萎靡，而且一見到我就開始不停的掉眼淚。「律師，我男友出賣我！」

「喔？不意外。」我說，「他本來就沒把你當一回事，何必說他出賣？」

她憤恨的說，「他竟然在開庭的時候，說這些東西都是我一個人賣的，而且那兩公斤的海洛因，也都是我的！」

「你不是本來就願意把這些東西都當成是你的？」我調侃的說。我對於她這麼不自愛，感到很生氣。

「好。」她咬牙。「我告訴你實話。這些東西都是他的，而且是他叫我去賣的。」

「為什麼？」我問。

「我跟他交往的時候，不知道他吸毒又販毒。有天，我看到他拿了白色粉末，拿在鼻腔裡聞，我心裡覺得不對勁，問他是什麼？他只好承認他在吸毒。我聽了很生氣，我告訴他，這一定可以戒的。但是他完全不理我。有天我就賭氣的跟他說，我一定可以戒，你就跟我一起戒。後來我就『撩』下去了。」她神情哀淒的說。

我沒說話。

「後來，他開始教我換門號、收錢、交貨，我沒辦法不聽他的。」她說，開始泣不成聲。

「缺錢？」我挑了眉問她。她點點頭，沒說話。事實上，海洛因的價格，可以跟黃金比擬，所以常有人因為吸食海洛因，傾家蕩產，進而販毒，原因就在這裡。

「好吧。」我嘆口氣說。「毒品危害防制條例的規定，有兩種情況可以減刑。第一種是認罪；第二種是供出上游。」我頓了一下，「這兩種條件，你可以做到嗎？」

她擦拭了淚痕，「可以。」

我們開始討論，究竟有幾次販毒的行為要承認。我把檢察官認定的犯罪事實與監聽譯文，逐步講解給她聽。

第二次偵查庭開始，她決定全部認罪，除了海洛因。檢察官略微驚訝的問我，「大律師，你是怎麼辦到的？」

我淡淡的說，「不是我辦到的，是她男朋友辦到的。至於兩公斤的海洛因有外包裝袋，請檢察官依法查明，究竟有無被告指紋。」

檢察官很快就依法起訴，而且兩公斤的海洛因部分，外包裝袋並沒有女孩的指紋，卻都是男友與其他人的指紋，因此取得不起訴處分。

總共算起來，她被監聽到的部分，大概有十次神仙水、搖頭丸，以及一次的海洛因。她緊張的問我，「法律上不是一罪一罰嗎？這樣我不是關不完？」

我大概解釋給她聽，「基本上，是一罪一罰沒錯。但是法官應該會定執行刑。也就是說，縱然你的判決可能加總以後是八十年，但是定執行刑時，會只剩下大概一折上下，也就是八年到十五年左右。而且，你還有減刑的法定原因，你已經供出上游，而且又認罪，不用擔心。」

第一次審理開始。法官是個白頭髮的老人家，看起來很溫和。

我們表達了關於二級毒品認罪的想法，但是對於那次的販賣海洛英罪行，堅決不認罪。

法官推了推眼鏡，再次跟我們確認，「大律師，從通訊譯文來看，我認為應該有販賣海洛因的情況。」

我指著通訊譯文說，「不是，請法官您看一下。她在九點五十三分，固然在買方樓下，發送簡訊說，已經到了。但是買方並沒有回應。而且我們在第二天早上又發送一通簡訊問他，昨天怎麼沒下來？可見應該沒有交易成功。」

法官笑著說，「那也不見得，你怎麼知道沒有其他的通訊方法？」他接著說，「況且，證人在偵查時也提到，他有向你的被告買過海洛因。你們真的不願意認罪？」

「這個罪太重了，刑度是死刑或無期徒刑。我們不能認啦！」可是突然心裡有個有趣的念頭，「好，審判長，如果我們認罪，你願意給我們多少的刑度？」

「這個嘛。」他沉吟了一下，「你們自白，減一次、供出上游、再減一次，犯後態度良好，我可以再減。總共給你們十年上下，可以吧？」他屈著手指在算。

我壓抑住心中的歡樂，「真的？不能反悔喔！」我竟然跟法官講起了童言童語。

法官嘆了口氣，「我也知道她是怎麼一步一步沉淪下去的。她只是工具，為了愛情吸毒而已，然後跟著他販毒。」他看著那個小女生，「你看看你自己，年紀才二十歲出頭，看起來像是快四十歲。戒毒以後，你也回不去原來的樣子，你知道嗎？」

她感激涕零的看著法官，雖然還是鼻水直流。

愛情、背叛、戒毒、販毒、十年、青春、代價，我無意識的在開庭記錄單上，寫下這幾個關鍵字。

為愛落淚

零下三度，大雪紛飛的北京城。

朝陽區的商業大樓前，她身上沒有太多的衣物，只有圍巾與台灣帶過去的冬衣，與飄落的大雪相較，更顯得孤單。她孤伶伶的守著那條斗大的白布條，上面用紅字寫著標題：「愛情騙子、汙空公款、還我公道！」一路邊的行人側目看著她，但沒人過去詢問到底發生什麼事情。旁邊的警衛似乎密集的在聯絡，應該如何處理這樣的問題。

她眼淚沒有掉，只是一邊發著抖，一邊在想這十五年到底是怎麼了？她的男人，怎麼能夠用一通電話，就斬斷這些年來的恩怨。

她在二十二歲那一年認識他。他是香港人，雖然大她十歲，但是他卻告訴她，她是他見過最美的女孩。他們交往、談戀愛，一切都這麼美好。當時，他是個成熟的男人，年紀輕輕，就擔任美商跨國企業業務副總裁。他多金、多情，對她照顧得無微不至，也帶她見了許多世面。他為了不讓她上班，每個月給她二十萬元，還有一張沒有額度限制的信用卡。

幾個月後，他們開始同居，但是他經常要飛到其他國家開會，一年大概還是有三分之一時間會膩在一起，十五年來，他們一直在談戀愛，是的，她本來就沒想過要結婚生子，他曾經在她耳邊輕聲說，「我們生個孩子吧。」但她笑著把他推開。他隨時都可以接她電話，即使是假日、就算在開會，他總是把她放在第一優先的地位，他會小聲的跟她說，我正在開會，馬上回電給你。

一切都是這麼甜蜜。他來台灣，她就開車去接他。她送他到公司以後，會給她深情的吻，然後依依不捨的目送她離去。在台灣的聚會，不論是工作場合或是私人餐會，他都會帶她出席，而且告訴他的同事，這是我的女人。

十五年後，誰想到，他，竟然已婚，而且有兩個十七歲大的孩子，還是雙胞胎。

一小時後，保全請她進去警衛室，告訴她，高層準備跟她好好談一談，她勉為其難的同意了。然而這卻是調虎離山之計。她的布條立刻被無情的扯下來，她看著殘破的布條在雪中紛飛，她哭了，第一次，在她知道他已婚的三十天後，她第一次掉下眼淚。

我聽著她的故事，手指輕輕的在桌面上敲打，「你運氣很好。」我說。

「我哪裡運氣好？遇到這個男人，我怎麼會運氣好？」她忿忿不平的說。

「根據中國刑事訴訟法第六十九條的規定，只要公安認為你犯罪嫌疑重大，可以合法拘留你十四天到三十七天。但是你回來了，這就是你運氣好的地方。」我說。「在中國大陸的司法制度裡，什麼事情不會發生？你倒是告訴我？」

她很不開心，眉頭緊蹙，似乎也不在意這件事情。「那你看我這件案子應該怎麼辦？」

她拿出了一張刑事傳票，台北地檢署發出來的，上面的案由是「妨害名譽、恐嚇取財等」。被告當然是她。

「這男人告你？」我問。「你除了這件事情外，還做了什麼？」

「他消失以後，透過代理商來找我，向我道歉。我這時候也才知道，原來他這十五年來給我的錢，都是代理商給他的賄款。」她恨恨的說，「我要他身敗名裂！所以我到他公司，要求一定要見總裁，然後把所有收賄的資料都給總裁看，並且還把他欺騙我十五年的事情跟總裁說。他們總裁說，要我把所有資料留下來，並且向我保證，公司一定會秉公處理。」

我心中大驚，這是最糟糕的處理方式。業務副總收賄，在許多公司是不成文的規定，也是不能說的祕密。許多高層會默許這樣的行為，而且上下交相賊。她把資料交給高層，豈不是與虎謀皮？不過我還是不動聲色，笑笑的問她，「然後公司有秉公處理？」

她大叫，「哪有秉公處理？連處理也沒有。兩個月後，我就收到這張傳票了。他竟然誣陷我，說我跟他要分手費一千萬元，不然就要把事情鬧上媒體！」她接著說，「分手三天後，其實代理商就來找我，陪著笑臉說，他真的必須跟我分手，拿了一千萬的銀行本票給我，叫我要聽話，他太太不會放過他的。」

一千萬的銀行本票，等同於一千萬的現金。銀行本票，可不是支票，這可是隨時都能向銀行兌現。

「喔？你怎麼說？」我緊張的問。

「哈，我把那張銀行本票當場撕毀，告訴他，我只要見他一面。」她很瀟灑的、不在乎的說。

我倒吸一口氣，心想，一千萬元換見一面，手筆真大。「不過你沒證據，如何證明你不想要這些錢？」我問。

「在這人來找我的時候，我就錄影了。」她冷靜的說。「你要看重播嗎？撕掉一千萬的感覺很棒的。」

「承恩借獵小平津，使氣常游中貴人。一擲千金渾是膽，家無四壁不知貧。」我突然想起了唐朝吳象之〈少年行〉這首詩。

我不用看錄影，也知道這感覺「很好」，古有一擲千金，今有一撕千萬。

「那麼，你現在想怎樣？」我問。不知怎麼，我對她產生莫名的敬佩與好感。

她原本低著的頭，突然抬起來，堅定的說，「我要見他一面。」

「蜀道難，難於上青天。」我覺得我的任務，比登上蜀道更難。

他的面，還沒見到，但是兩天後，我跟他的律師見面。

對方律師氣焰高漲，直接跟我說，「大律師，我們有充分的證據，可以證明你的當事人恐嚇取財，而且誹謗這部分的罪名也一定會成立。你們當事人向公司發送毀損我們當事人名譽的不實文件，公司的高層願意出面作證。」

我靜靜的聽著。

「這樣好了，我們當事人願意給一百萬，這件事情我們就和解算了，可以嗎？」對方律師問我。

「哈哈！」我乾笑了兩聲。「大律師，您可曾聽過，告對方以後，再賠對方一百萬的案例？」

對方大律師湊過來我耳邊，「道長，給一百萬是給面子，如果不要，我們有充分的證據，會讓你當事人成立罪名。」

「給面子？這件事是黑道談判嗎？我告訴你，這件案子你們大可不要撤。我們當事人和解的唯一條件，就是要見你當事人一面。」

「我也告訴你，那是不可能的！」他口氣更硬。

我不怒反笑。「你知道嗎？其實我們要見你當事人一面，是很簡單的事情。」

他楞住了，「我們人在北京，你怎麼見？」

「我手邊有你當事人的犯罪資料，包括帳冊、匯款記錄等等，我們當事人會到法院告發他背信。你沒想到，除了她幫他處理了十五年的帳務，所有的收據都有留下來吧？給公司的文件，不過只是副本而已。另外，你們也涉嫌誣告的罪嫌，因為一千萬元的事情，絕對不是事實。」我笑得很開心，「你當事人沒跟你說實話，我們撕毀銀行本票，是有證據的吧？一個撕毀一千萬本票的人，怎麼會跟你們要錢？誣告，是七年以下有期徒刑，你要不要建議你的當事人考慮一下？」

「到地檢署，我們不就可以見面了？」我笑得很燦爛。

他想了想，只能無奈的回答我，「好，我跟我當事人溝通看看。」

其實，到目前為止，我都不能明白，為什麼她寧願不要任何的補償，只要見他一面？縱使他已經答應，願意來台北見她一面，我還是不能理解。

在見面前，我們提前半小時見面。因為我還是有些問題想問她。

「你不懂？」她自嘲的笑了笑，「我也不懂。」

「我明明很窮，這十五年來的青春，都耗在他身上。他給我的所有金錢，我都花在幫他處理台灣所有的事情上。他送禮、請客、上酒店，每一場都是我付的錢。現在離開他，我真的什麼都不會，也什麼都沒有。我的感情，也都在他身上，要我割捨這十五年，真的很痛。這哪裡是一千萬可以彌補我的？一千萬可以買到十五年的感情與光陰嗎？」她緩慢但堅定的說。

我懂，但是沒辦法認同，「可是你不覺得，現在你更需要這些錢？」

「算了，真的。」她幽幽地說，「拿了錢，只會讓他看輕我而已，我看清了。我寧願他這輩子、這一生，都欠我。」

「你真的不要任何的補償？」我看著她的眼睛，作最後的確認。其實我希望她可以同意拿走補償金。「我還是可以幫你向他爭取這一千萬。」

她搖搖頭，沒有再多說話。我們坐在會議室，靜靜的等他來。

他們見面了，只可惜在這樣的場合裡，在這樣的地方。

他看起來，就是個成功的企業家，西裝筆挺，兩鬢發白，歲月沒有為他帶來太多的折磨，但是滿臉的不安，卻顯示出他對於這段感情的欺瞞與不捨。

她靜靜的看著他，眼淚撲簌簌的開始掉，從眼眶到兩頰，然後無聲的落在桌上。男人看著她的淚，卻還是手足無措，就像個做錯事的孩子。

「對不起。」他只能勉強擠出這句話。

她凝視著他的眼睛，「最近好嗎？你要記得定時吃藥，冬天對心臟不好，北京很冷。」

男人沒預料到，她的第一句話，竟然是問候，他為之語塞。

「我只想聽你真心的跟我說『對不起』。還有，我也想跟你說，『我原諒你』。」她自顧自的說。

那男人傻了，或許他以為，迎面而來的是狂風暴雨的質問，以及腥風血雨的責備，但是他沒料到，結局竟然只是如此。

他問了她，「就這樣？」她輕聲的說，「對，就這樣。」眼淚一直在掉，無聲的。

她從座位上站起身來，然後轉身就走。留下錯愕的一群人。

他們遞出了撤回告訴狀，十五年來的情感、恩怨，在那天下午都結束了。但是我一直在想，是什麼樣的力量，讓她願意接受，十五年、一千萬，換一聲對不起？

我不知道，但應該只有那個字而已。

不要問我從哪裡來

她是個看起來跟一般人沒兩樣的女孩，但是面容很憔悴，心中彷彿有千千結，從外表就可以感受到她的憂鬱外露，而且心事重重。

我問她，「有什麼法律上的問題我可以幫忙嗎？」

她停止翻閱手中的書，抬起頭看我，「我要知道我的身世。」

我皺了一下眉頭，發現案情應該不單純，「這個問題太過於模糊，什麼叫做要知道你的身世？」

「我要知道，我的親生父親究竟是誰？」她說。

她拿出一張發黃的台北地檢署起訴書，時間是民國六十六年，罪名是通姦罪。她說，「前幾年我父親過世，最近我在整理父親的遺物時，發現這張起訴書。」她指著起訴書中的當事人，「這是我媽，告訴人，也就是另一個李姓男子是我『父親』。」她特別在「父親」兩個字上加強語氣。

我詳讀了這份起訴書，「張某與王某於民國六十六年五月於某旅社通姦，並於七月間某日至某婦產科驗孕，被張某之配偶循線查獲，並報警偵辦。偵查時兩人坦承不諱，並與驗孕結果相符，爰依法起訴。」

起訴書內容不長，不過就是兩頁，就像是他們的戀情一樣的短。

「所以你母親在民國六十六年間，與另一名男子通姦，而且已經懷孕？」我自言自語的說，但是我心中突然一亮，「那你的出生時間？」

她拿出一張出生證明，「我是六十七年出生。」她看著我，眼神有些淡淡的哀傷，「你現在知道我想知道什麼了吧？」

我想了很久，不知道要怎麼安慰她。從起訴書上來看，似乎她並不是目前的父親所生，而是母親外遇的男子所生。畢竟知道自己的父親可能是未曾謀面的母親外遇對象，打擊不可說不大。我只能說，「那你還想知道什麼？如果你要問我，究竟你的生父是誰，從客觀面來看，你確實是這個沒見過面的『爸爸』生的，何必還想知道什麼真相？」

她咬著牙說，「我要知道這件通姦案，地檢署的偵查過程。等我看完筆錄跟證物以後，我才能釋懷，也才能真正相信，我的親生父親究竟是誰。可是當我跟原來的地檢署聲請閱卷時，地檢署的書記官告訴我，因為我不是當事人，所以不能聲請閱卷。」

我心裡想，或許不只是這個原因而已，民國六十六年的偵查卷宗，應該早就銷毀，怎麼可能留這麼久？

「律師，我要怎麼樣才能閱卷？先前，我已經試過用我爸的名義去閱卷，結果也沒有成功。」她說。

我大驚，「當然不會成功，你在想什麼？你父親都已經過世，如果還是用父親名義閱卷，會有偽造文書的問題。他都已經過世了，怎麼能聲請閱卷？」

基本上，在沒有授權的情況下，冒簽、偽簽他人的姓名，並且造成損害，當然是構成偽造文書罪。本件她的父親既然都過世，檢察官只要查詢戶政系統就能得知，何來的死去的人還能聲請閱卷？

「對啊。」她無所謂的聳聳肩，「所以，我被檢察官分案偵辦，不過「因為他知道我的動機，所以給我緩起訴的處分。」她直視著我，「律師，請你幫我想辦法，我要閱卷，我想知道上一代間，到底發生什麼事情。我的父親，究竟是誰？」

我想了想，立刻知道怎麼做了。「其實，如果依法而論，你可以向家事法院提起『確認親子關係不存在』的訴訟。案件在家事法院後，你可以請法官幫你調卷，如此你就可以閱到當時偵查卷的卷宗了。」

「可是我媽會知道對不對？」她問。

「當然，你媽會是被告，她會收到傳票，也必須出庭。」我說。

所謂確認親子關係不存在的訴訟，在本案而言，是以孩子為原告，父親既然已經過世，就只能以母親為被告。孩子在知道自己可能不是父親親生時，可以在兩年內提出訴訟，請法院確認身分。

「我不想讓她知道。」她說。「我跟她已經很久沒有聯繫了。這個方法不好。」

我嘆了一口氣，「但這是可以讓你合法閱卷的方法啊。」她為什麼會拒絕這個建議？這疑問同時也在我心中浮現，她不想讓母親知道，應該不是「很久沒聯繫」這個原因吧。

她堅定的說，「我不要讓我媽知道，就是這樣。有沒有別的方式？」

這件事情實在難度太高。想要調閱民國六十六年的偵查卷宗，但是一個當事人過世，另一個當事人不想讓她知道，我哪裡有別的辦法？

我們彼此靜默了一下子。

「你為什麼不願意讓母親知道？」我提出心中的疑問。

「因為，我不想讓她知道我已經知道她年輕時候的事情。這件事情畢竟對她傷害很大，我不想往事重提。」她說。

我無意識的翻閱出生證明書跟起訴書，突然靈光一閃，「我覺得你不需要知道這件事情，因為你可能是你父親親生的。」

她也楞了一下，「為什麼？」

我興奮的指著出生證明，「你看，你是六十七年八月十二日出生，但是……」

她打斷我的話，「律師，我的出生日期是六十七年十二月八日，農曆是十一月九日，我出生到現在，所有人都這麼告訴我。」

我看了一下，真傻了，出生證明有兩個日期，兩個日期都是國字大寫，一個是在本文裡是捌月拾貳日，但是落款日期竟然是拾貳月捌日。

連出生證明都有錯，這樣該怎麼判斷她跟父親的關係？「你覺得你自己比較像獅子座還是射手座？」我苦笑，只能這樣問了。

她似乎被我逗笑了，「兩種星座的特徵我都有啊，這很難判斷。」

「其實，究竟是十二月八日或八月十二日，並不重要。根據我的經驗判斷跟邏輯分析，我認為那一年的情況是這樣的。」我心中開始浮上一個畫面，民國六十六年間他們的情況。

當時民風還是保守，她母親愛上了另一個男人，兩個人只能私底下來往，她父親懷疑他們很久，但是一直沒抓到證據。有天，父親跟蹤他們到了婦產科，然後問了婦產科醫師他們的檢驗結果，結果竟然有孩子。父親因此憤而提告，兩人也爽快的承認有通姦之情事。但是，最後母親妥協了，她願意跟外遇的對象斷了聯絡，並且把孩子拿掉，換取父親對兩人撤回告訴。

「你看，依這時間推算，起訴書所指母親懷孕的時間是五月，根本不可能在第二年的八月或是十二月把你生下。因為總共加總的推算時間，高達十三個月以上，更別說她到婦產科時，可能已經懷孕一個月上下。唯一可能的解釋，就是在墮胎以後，她與妳父親重歸於好，並且跟你父親生下妳，這樣推算下來，時間應該是十二月沒錯，也就是第二年的二月左右懷孕。」我算給她聽。「就算時間是八月，她也可能是在前一年的十月與妳父親發生關係，才生下妳。」我補充。

她沉吟了一下，「難怪父親曾經在生前喝醉酒時跟我提過，我是他唯一親生的女兒，前面兩個哥哥，都不是他親生的。我一直覺得他是因為跟母親離婚，所以才胡言亂語。現在，我大概可以知道他的想法了。」

「是的，我的看法是對的。也就是說，父親對於前面兩個大哥，一直懷疑是你母親跟另一個男人生的，但是因為後來你母親跟那個男人在六十六年之後斷絕聯絡，所以你父親才會覺得只有你是他親生的孩子。」我興奮的說。「這樣應該真相大白了吧？」

她眼眶開始泛紅，「我覺得這是唯一可能的解釋了。」

「可是，我覺得你是不是應該修補你跟母親的關係？」我問，「我覺得你的心中，有一顆很冷漠的硬核，對你的家庭似乎是如此。」

「為什麼我要原諒她？我爸過世的時候，她根本沒來送最後一程。」她的淚水在眼眶打轉。

我拿了衛生紙給她。「我知道你很難過，畢竟父親是你最愛的人。但是，你要記得，身為一個女兒，你或許會憎恨母親，因為她背叛父親。但是身為一個女人，你應該同情她，她的一生，她的愛情，在那個時代被埋葬了。」

她的眼淚一直掉，「我很難原諒她。」

「這也談不上原諒。其實台灣在過去的年代裡，父母親對於孩子的教育都是如此，父親對孩子總是太嚴格，也很少感受到父親對於孩子的愛。但是對孩子，父親經常都是無條件的付出。只是當我們成年以後，可以逐漸把父母親當朋友對待，瞭解他的處境、明白他的想法，甚至當自己身為父母親以後，就應該更能釋懷當時他們的想法，現在應該是孩子要給父母親愛。我覺得，你可以試圖改變你的作法，有空去陪陪她，畢竟她現在是你唯一的親人，如果你不這麼做，還有誰能這麼做？」我繼續說。「我們都已經成年了，我們可以選擇繼續往前走，給家人愛，修補彼此之間的關係；或是停留在原地，讓冷淡與冷漠埋葬我們的一生。」

「我已經很久沒能給愛了，對誰都一樣。即使我結婚了，對於先生與孩子，其實還是有一定的距離，不知道是不是過去的陰影帶來的影響。」她喃喃自語的說。

「給母親的愛，並沒有想像中的困難。你必須真誠的面對自己，並且說出自己的感受。」我說，「你很久沒回家看她了吧？帶點東西回家給她，母女倆聊聊天，把她當朋友，你會發現，最親的人就是她。」我還是希望建議她可以調整心態。

「好了，事情解決了。」我站起身來，「找時間回家看你媽好嗎？」

「律師，你比我的心理醫師還厲害。」她說，「我現在只想去質問我的醫師，為什麼他花了一年的時間，都沒能讓我哭？」

「哈哈～」我笑得有點尷尬，「你覺得我應該轉行嗎？」

看著她離去，心中感嘆，法律與人性，其實有著密不可分的關係。她想瞭解的，與其是她的身世，不如說她對於這個家庭的無奈，以及無解的人生難題。

II

原罪

就叫我孩子

我看著對面的父子，應該說，是一個老人跟一個孩子。老人的皺紋已然可見，一臉愁苦。而這孩子看起來應該已經有二十歲以上了，但我還是覺得，他是個孩子。或許是因為他手上的遊戲機，即使在這麼嚴肅的場合中，他依然愛不釋手。

「律師，這個起訴書，我一點也不服氣！我的孩子沒有罪！」老爸爸氣鼓鼓的說，他甚至一邊說，一邊敲起桌子，顯示他的憤怒。

我沒答腔，因為我正在仔細的閱讀這一份起訴書。從簡短的起訴書上，事實的呈現是這樣的：這孩子，應該說，陳姓男子，在夜市逛街時，趁老闆不注意，竊走一本小說，老闆發現時與其扭打，檢察官依準強盜罪起訴，犯罪事實就這麼簡單而已，但是，卻著實叫人膽戰心驚。

「律師，不過就是拿走一本書，怎麼會變成強盜罪？」父親問我。

「這稱之為『準強盜罪』，所謂的『準強盜罪』，就是原本是竊盜罪，但被告因為要逃脫或持有贓物，向被害人恐嚇或是施以暴力，這時候原本的罪行就會加重，演變為強盜的犯行。」我說。「準強盜罪與竊盜差別相當大，竊盜罪不過就是五年以下有期徒刑，但是準強盜罪，最低的刑度就是五年以上。」

父親抿緊了嘴，看著這孩子，他正在專注的遊戲，壓根沒聽到我們在談什麼。沉吟許久後，突然問我，「你相信這孩子是強盜犯嗎？」

我看著這孩子，很專心於他的遊戲中，彷彿遊戲就是他的一切，渾然不知我們在討論攸關他一生的事情。他突然大叫一聲，「過了！」然後把遊戲機丟在一邊，開始站起來，想要四處走動。他似乎沒辦法安靜下來，空氣中也瀰漫著浮躁的氣氛。

父親驕傲的對我說，「我這孩子從小對電子遊戲就很有天分，只要買給他任何一項遊戲機，他都可以輕易的破解。還有，他對電腦也很在行，只有這些東西可以讓他安靜下來。」語畢，看著孩子已經要移動，隨即低聲斥責他，「不要亂跑，這裡是人家上班的地方。」

這大孩子沒理他，直接拿起桌上的花瓶，似乎想看看花瓶上寫了什麼中文字，但父親連忙把花瓶搶下來。他嘆了口氣，「這就是我日常的生活，我已經快被他折騰死了。」

他沒有繼續說什麼，從破舊的公事包拿出了醫師診斷證明，這孩子有「注意力缺陷過動症（Attention deficit hyperactivity disorder，ADHD）」的問題。我低聲問他父親，「事情的根源在這裡對不對？」

點點頭，他的老父有點黯然，「這孩子小時候就是比較好動而已。我覺得他做事情很容易分心，也容易忘記他媽交代的事情。但是進入幼稚園以後，我開始覺得不對，他經常與同學衝突，喜歡打斷別人的話，與別人辯駁吵架。在上課的時候，他就喜歡到處走動，靜不下來，而且老師要他寫的功課，對他而言永遠都很困難。我問他怎麼回事，他告訴我，沒辦法看懂書裡的意思，也沒辦法告訴我，這篇文章在寫什麼。在學校裡，他一直沒有朋友，對於人家的好意，他始終搞不懂。所以從小到大，我總是一再要到學校，告訴老師他不是故意闖禍的。」他一口氣講完，「但是我怕將來我死了以後，沒人照顧他，到時候怎麼辦？」

我點點頭，「這確實是個問題，財產信託會是一種照顧孩子的方式。可是，重要的癥結點，還在於改善他現在的症狀。」

他又嘆了一口氣，「現在只能用藥物控制，但是狀況應該有改善。」他接著說，「我只是不知道應該怎麼面對這樣的情況，他進去牢裡，這一生不就毀了。」

我拿起了起訴書，「看起來檢察官並沒有採信他『在犯罪時』，有責任能力顯著減弱的問題。」我自言自語的說。

「我不懂。」老父親疑惑的說，「這是什麼意思？」

「事情的真相是什麼？」我沒有解答這個疑惑，而是問了他另一個問題。畢竟解釋「犯罪時的責任能力」不是一件容易的任務，我打算之後再詳細的跟他說。

「那天我跟孩子一起去逛夜市，他很喜歡看電腦方面相關的書籍，所以我讓他在書攤上看書，我一個人隨意走走。突然，我聽到書商大喊，『小偷』，我急忙跟過去看。只見我的孩子被他壓倒在地，一臉驚慌。孩子手裡拿著一本書，我嚇傻了，趕快過去拉住他們。但隨後，警察就到了，把我們家孩子上手銬，帶到派出所去。到了派出所，我想要幫孩子說話，警方也很同情我們，但是他們說，這是公訴罪，而且這個罪判很重。」他不斷的訴說他的委屈。「我們在派出所等了很久，接著警察就把我們移送到地檢署。但是到了那裡，我就不能進去陪他了。法警跟我們說，這叫做……」他努力想要把這個名詞說出口。

「偵查不公開。」我沒好氣的說，「他們都這麼說，但有很多時候，公開偵查的反而都是他們。」

「對，所以我進不去偵查庭。小孩在裡面講什麼，我也不知道。」他看起來有點沮喪。

「檢察官後來還是通融我進去，但是已經什麼都問完了。他告訴我，可以檢具孩子的醫療證明，向地檢署聲請擔任這個孩子的輔佐人。下次會由別的檢察官處理，他只是在今天值班而已。」

我沒說話，這個孩子犯有準強盜罪，又是現行犯，沒有聲請羈押，已經是檢察官認為他可能沒有這麼惡性重大，才會給他這個機會。

「後來的情況就是如你所看到的樣子。對方不願意和解，檢察官對於這種 ADHD 的症狀又不瞭解，所以調查以後，就把我孩子起訴了。我怎麼跟檢察官說，他都只是禮貌的要我去跟法院的法官說，他認為孩子的情況，要證明犯罪當下沒有什麼能力的，有相當的困難。」他說。「那是什麼能力啊？」

「責任能力。」我補充說。

許多人對於犯罪時的精神狀態可以減刑或免刑，有所誤解，這在法律上稱之為「責任能力」。責任能力的判定，是以當時的狀態為準，並非說患有精神疾病就可以主張精神抗辯，進而免責。然而犯罪當時的狀態要如何證明，就是被告相當難以舉證之處。就本件而言，縱然當時孩子的狀態不好，又要如何證明？

「他在偵查庭上的表現如何？」我問。

「針對案情的部分，他回答的不多。大概就是說，他要付錢，但是不知道去哪裡付錢。然後對方打他，不讓他走。」他說。「我當場有提出厚厚一疊的病歷，告訴檢察官，這種病症可能會導致孩子做錯事情，但是他並不是故意的。正常人被壓制，都有可能會反應過度，更何況是我們這個孩子？但是他本性不壞，真的是好孩子。只是檢察官說，他不能確定這樣的病症與犯罪行為有沒有關係。只開了兩次庭，他就被起訴了。」

「五年！我到底是造了什麼孽？要我孩子進去關五年，乾脆讓我進去好了！」他氣憤的說。

這孩子絲毫沒有被父親的聲音嚇到，我沒有說話。而這孩子竟然問我，他想唱歌，可以嗎？沒等到我的回應，他就開始唱起歌來，雖然我聽不懂他在唱什麼，但他就是在哼著歌。

事實上，處理這種案件，並不容易。因為要以精神抗辯作為理由，必須有相當堅實的基礎。我總不能跟法院說，因為他有精神障礙，所以必須要被害人承受損失。被告固然有他的權利，但是被害人也並不該這一遭。

這案子很棘手，目前的方向盡量嘗試能否在提供病歷外，再請求法官做精神鑑定，但是主張精神抗辯，能否成功？這就要看法官怎麼想，這部分我還是沒把握。

法院的庭期訂在兩個星期後。一般而言，在開庭前我們都會與當事人溝通，大致上告訴他，法官會問些什麼問題，大概要如何回答等等。這位老父親問我，要不要事先模擬好法官可能會詢問的問題，然後把答案讓孩子記熟。我搖搖頭，因為根本不可能。依他的狀況，不可能記得住我要他回答的答案，畢竟他的注意力原本就不容易集中，又如何要他記得認罪或不認罪的辯詞？

當天，因為是最後一庭，法庭內旁聽的人只有父親。法官簡單扼要的陳述孩子的權利：「被告你因為涉犯準強盜罪，我現在宣讀你在法律上的權利，你可以保持沈默，無需違背自己意思而為陳述，可以選任辯護人，請求調查對你有利的證據，以上這些權利的意思你是否瞭解？」

其實，上面的所謂權利宣讀，對於法官而言，每天都要說上幾遍。基本上，法院的術語，對於經常進出法院的人來說，可能駕輕就熟，但是對於初次出庭的人，或是於初次犯罪的被告而言，通常只是一堆有字天書，他們不可能理解。對於孩子而言，當然更是如此。

孩子沒有任何的表情，可能也是不知道怎麼說，他開始低頭不語。我急得提點他，「說知道。」

但是他的反應竟然是，「我不知道。」

當場所有人都楞住，法官耐心的再重複一遍。被告這時候竟然不講話了。

法官有點疑惑，但沒多問孩了，只是偏過頭去向檢察官說，「請檢察官陳述起訴要旨。」檢察官回答：「如起訴書所載，被告所犯罪嫌為準強盜罪。」法官繼續他的問題，「對於檢察官陳述的起訴要旨，你是否認罪？」

小孩子還是低著頭不說話。我認為他應該聽不懂，或者說，他雖然聽懂，但是不知道如何回答。明明這些答案，事先我都跟他溝通過了，怎麼會沒辦法回答？

法官只好無奈的向我詢問，「現在被告的精神狀況是不是不適合開庭？」

我向法官說：「被告的精神狀況一直都不理想，並不是今天不適合開庭。長期以來，他就罹患有注意力缺陷過動症，有病歷可參酌。他現在的反應可能是不知道該怎麼辦比較好。我們目前是作竊盜的認罪答辯，但是希望審判長可以考量被告的精神狀態，給予被告與被害人和解的機會，並且賜予被告緩刑。」

法官點點頭，「我大概也知道被告的狀態。不過本院要如何知悉，被告在行為當時，確實有辨識能力顯著下降的狀況？甚至沒有責任能力？」

孩子似乎一直在聽我們說話，低頭看著桌子。但是他突然站起來，「這裡好無聊，我要出去了。」

旁邊的法警相當緊張，立刻趨近孩子。我柔聲向孩子說，「坐下來，一下子就結束了。好嗎？」

他沒反應，就是站著不動。

法官很鎮定的向被告說：「被告請注意自己的言行，現在正在審理中。」

我緊接著表示，「從被告目前的狀況顯示，應該無法進行實質審理，請庭上移送精神鑑定，並參酌鑑定結果後再續行審判。」

法官點了點頭，又再次問檢察官的意見。我以為檢察官會反對，畢竟審判時的精神鑑定，並不能證明行為時的辨別能力是否有顯著的降低。然而檢察官對於法官提議卻回答，「沒意見。」

我想，檢察官應該也知道這孩子的問題吧。

既然檢察官沒意見，法官接著問我，「大律師，那麼我們就等鑑定結果出來再做決定，可以嗎？」

「當然好，謝謝庭上。」

這孩子自始至終，除了「我不知道」外，什麼都沒有回答，但是他的表現卻證明了許多事情。

三個月內，我們跟賣書的攤販和解，也把和解的結果呈報法院。而當鑑定結果出來，孩子果然有注意力缺陷過動症的問題，而且行為時可能無法辨識當時的狀況，最後合議庭雖然還是判處孩子竊盜罪成立，但是給予緩刑的處遇。

半年後，我收到一張光碟，沒有具名，裡面是個大男生在唱歌，我還是聽不懂歌詞，但是聽得出來他很開心、很認真的想唱歌給我聽。

我想，應該是他吧。

愛在瘟疫蔓延時

會議桌前坐了三個人，分別是他、父親與母親。父親看起來像是樸實的工人，母親平常則是在家裡做代工，兩位家長看起來都有點年紀。他，身形瘦小，目前無業，看起來雖然白淨，但卻是那種沒有曬過太陽的白淨，已經有些接近蒼白，額頭還有些細微的小傷口。

我坐在他們前面，表情嚴肅，會議室中氣氛凝重。

父親的表情很扭捏，但還是先開口，「律師，我兒子可能要麻煩你幫忙了，他因為被檢察官約談，下星期要出庭，可是我不希望他進去監獄裡關，這樣一定會出人命的。」

「怎麼進去關就會出人命？這家長也太誇大其詞。」我心想。不過我還是向這位老人家說，「先別急，我從來就不希望任何人進去監獄裡關，但還是請他先告訴我發生什麼事情。」

母親推了一下兒子，似乎是要他告訴我發生什麼事情。他呆了半响後，吞吞吐吐的說，「幾個月前，我做了兩次的壞事，我搶了別人的金項鍊。」

我看著他的眼睛問他，「你怎麼搶？」

所謂「怎麼搶」，這個問題相當重要。因為如果是突然搶走，未施以強暴、脅迫等暴力的行為，這時候就是搶奪罪。但是如果是以暴力方式行搶，可能就會涉及強盜罪。兩者行為不同，但差一點，刑度就差別很大。前者最多判五年，但是後者最少判五年。

「第一件是這樣的。我在三個月前的傍晚，在家附近，看到有個二十幾歲女生迎面走來，我向她迎面走過去，發現她脖子上有一條金項鍊，我就重新繞回去，從她背後把項鍊扯掉後跑走。」他簡單的敘述。

「第二件的情況呢？」我問。從事實發生的情況來看，這一件應該是搶奪沒有錯。

「隔兩天，我又在家附近看到另一個女生，也是戴著金項鍊，這次我假裝要問路，然後正面把項鍊搶走，她當時有拉住我的手，但是我一下子就掙脫了，所以沒當場被抓到。」他說。

我皺起了眉頭，因為這一件的案情比較複雜，確實有可能涉及強盜罪。

「我問你，當時她拉住你的手，碰觸的時間、力道如何？」我故意問他這個問題。

「觸碰的時間大概只有一兩秒，應該是只有碰到而已。我馬上搶了就跑。」他立刻說。

我想，他應該不知道我詢問這個問題的意思，所以不會有說謊的情況，將來跟被害人所做的筆錄，差距也不會大。我比較放心了。

「你所搶奪到的項鍊，你後來怎麼處理？」我問。

「搶到以後，我在當天就賣掉了，兩次所得大概有兩萬多元。」他說。

他，看起來明明好手好腳。是什麼樣的原因，讓這個人不願意去工作，而寧願鋌而走險，犯下這樣的罪行？其實我心裡有點氣憤，但也著實納悶。

所以，我故意警告他，讓他知道事情的嚴重性，「請你要知道，你所犯下的第一件案件，看起來應該是涉犯刑法上的搶奪罪，可處六個月以上，五年以下有期徒刑。但是第二件我就不敢跟你保證一定是搶奪罪，如果檢察官認為第二件的情節有強暴脅迫的情況，可能會認為你涉及強盜罪，這可是五年以上有期徒刑的重罪。」。

他不安的表情浮了上來，「我，我並不是強盜！」

「現在還不能判斷檢察官是不是認為你涉犯強盜罪。況且，雖然目前我覺得不一定會成立強盜罪，但是我還是覺得這樣的行為非常不足取，都已經快三十歲了，你到底在搞什麼？」我敲了敲桌子，斬釘截鐵的說。

他們父母似乎想說什麼，但是還是沒開口。至於他，則是顫抖的說，「我知道錯了，我是不得已的。」

「你犯下這樣的罪，也有不得已？」我冷笑。

母親開口了，「律師，他真的是不得已。都是我們的錯。」在他看不到的地方，她同時比了手勢，要我先不要再「苛責」他。

一定有些事情我不知道。

「在最近五年內，你曾經有因為犯罪被判刑過？」我問。刑法有所謂累犯的規定。如果被告曾經在這次犯罪的五年內，犯罪且被判有期徒刑以上的罪，就會構成累犯。如果構成累犯，法官在量刑的時候，就會加重原本刑度的三分之一。而如果構成累犯，當然就不能取得緩刑。

他沉默了一下，似乎在回想往事，而且有點吃力。「我有前科，我曾經有四次吸食安非他命的紀錄。最後一次在去年，才判刑四個月，法官讓我易科罰金。」

我偏著頭想了一下，吸食安非他命，而且反覆四次，雖然法官還是給他易科罰金的機會，但是這次應該已經構成累犯，而且不能有緩刑的待遇了。

「事到如今，我也只能希望你認罪，然後爭取六個月左右的刑度，換取易科罰金的機會。但是……」我話鋒一轉，「除非當事人願意跟你和解，否則你應該拿不到法官判處六個月的有期徒刑。」

原則上，如果最輕本刑在六個月以上，而且又是累犯。一般而言，除非與被害人和解，否則法院不會再讓被告有易科罰金的機會。自己都不珍惜自新的機會，卻要法官再三給予被告機會，這無疑是在考驗人性。

他急忙說，「我願意和解，但是其中一個被害人不願意。警方說，因為我第二次搶的其中一條項鍊，是她男友送她的生日禮物，如果我不能還她，可能就不會願意跟我和解。我跟收取贓物的人問過，他們說已經熔解了，不可能還我。」

我注意到父親沒說話，但是他黝黑粗獷的表情一直像是有什麼話要說，母親則是不斷默默的掉淚。

「沒關係，我們來想想辦法。」我給了他們一個微笑。「只是如果真的拿不回被害人想要拿回來的紀念物，她想要和解的意願當然會比較低，而且如果真要和解，我們要付出的代價也會比較高。況且，我要提醒你們，縱然可以易科罰金，金額也不會太低，要有心理準備才好。」

「如果易科罰金，大概需要多少金額？」父親憂心的問，「我不一定有能力負擔太高的金額。」

「如果法官判處六個月以下的有期徒刑，被告就可以聲請易科罰金。計算的標準大概是一天一千元，一個月也就是三萬元。如果法官認為，兩個罪各判處六個月，兩個罪就會是十二個月，也就是說，你們大概要準備三十六萬元左右。加上賠償當事人的費用，可能要會在五十萬元上下。」我皺著眉頭估算。「當然，易科罰金的部分可以向檢察官聲請分期付款，但是終究還是要負擔。」

母親更急了，「律師，我們家最近的經濟狀況真的沒有這麼理想，這幾年來，都已經被這孩子都花完了。而且……」她還是欲言又止。

我覺得事情應有蹊蹺，因為爸媽不可能拿錢去支持孩子買毒品，那麼，錢到底花在哪裡？我沒有繼續說話，正當我要進一步追問的時候，我突然發現到，這孩子一直看著我。

「怎麼了？」我問。

「律師，有人正在跟我說話。他要我聽你的話，要認罪。」他說。我注意到他表情有點恍惚。

「喔？是誰？」我問。明明會議室裡就只有我們四個人。

「我不知道。」他有點迷惑的搖搖頭，「說不定是之前過世的好朋友。」

父親很尷尬的要他兒子不要胡言亂語。我心裡則是想，他為什麼會這麼說？難道是因為毒品的關係？

事實上，毒品對於施用者的危害相當大。因為即使戒除毒癮以後，原先毒品帶來的負作用，也不會因此消失或痊癒。每種毒品帶來的危害都不相同，舉例來說，安非他命與搖頭丸，可能帶來的問題就是腦部的損害；而K他命的最主要的問題則在於膀胱纖維化，可能導致終身都必須穿尿布。他既然吸食安非他命，當然有可能有幻聽的情況，這一點我不會覺得意外。

「我覺得現在有人跟我說話，要我聽你的話，不要再跟以前的朋友來往。」他開始自言自語，「律師，為什麼有人經常跟我說話，我卻看不到他？」

其實我很想說，那是因為有鬼，可是這樣說的話，應該會違反律師倫理。所以我只好跟他說明真相。「其實，是因為你吸毒，腦部已經開始有幻聽的情況。你明天去看精神科，可以嗎？」

「我不要，我沒有生病！真的有人跟我說話！」他激動的說。

「他沒病，那麼應該就是我有病。」我心想。不過，我還是嘗試要說服他。「好，你可能沒病。但是如果醫生可以幫你診斷出你的問題在哪，對於你在訴訟上的權利應該會更有保障。」

他的態度仍然很扭捏，但是看起來似乎有同意我的提議。旁邊的父母，一直沒有說話。母親感激的看了我一眼，然後要我跟她出去聊聊。

我一直覺得，他的父母有事情瞞著我，所以我和她母親進去了另一間會議室，希望他們可以跟我坦承事實。十分鐘後，我們回到原來的會議室，知道了這件事情以後，我的心裡更加坦然。

「其實，我知道你為什麼要這麼做了。」我看著他說。「除了精神科要去看診外，我希望你一定要做到『定期治療』。」我在「定期治療」四個字上特別加重語氣。「我很為你心疼，但是這樣的方式是錯誤的。你以為家裡的經濟狀況不好，你去搶奪別人的財物，就會讓情況好轉嗎？或者說，就會讓你的醫療費用有著落嗎？你的父母，從來沒有因為治療你的病痛，所以少花任何一分錢。為了你，就算是傾家蕩產，你的父母也不會皺眉頭，你為什麼要這麼自暴自棄？」

他張大嘴巴，眼神呆滯，像是在大口呼吸空氣，然後點了點頭。「謝謝你這麼關心我。我知道我錯了。」

當天晚上，我收到了簡訊。「放心，我一定會乖乖聽你的話，謝謝你。」我看到了，只是會心一笑，我相信善良的種子早就在他心中，而發芽的力量正在茁壯。

三天以後的早晨，在上班途中，我接到了一通電話。

「我兒子在那天晚上哭了一整夜。他說，他會聽你的話。定期去治療，也會認真戒毒。這孩子過去二十五年來，第一次這麼聽話，我覺得真的撿回一個兒子了。」父親的聲音顫抖，但是很令我感動。

其實，我不相信在一次的談話中，就可以改變一個人。或許只是他感受到我對他的善意，因此在他心中善良的種子才會發芽。人與人之間的互動，很多時候就是由一種善意，引發另一種善意。身為律師，可以把這種善意傳遞下去，無論結局如何，都令人感動。

幾天後，我們到了偵查庭應訊。既然被告認罪，程序進行會比較容易，不外乎就是勘驗錄影光碟、製作被告自白筆錄等等。檢察官並沒有針對搶奪是否轉為強盜的部分質疑被告，所以過程進行得相當順利。最後，檢察官詢問辯護人，「有什麼意見補充？」

我緩緩站起身來說，「庭上，被告之所以犯下搶奪的罪嫌，是因為他先前罹患愛滋病，家中的經濟狀況轉壞，也沒辦法繼續提供被告治療疾病，被告又想孝順父母，所以才鋌而走險。對於兩個被害人造成傷害，被告深表歉意，也表達願意和解的想法，請庭上斟酌是否能向法院請求從輕量刑，或是聲請簡易判決處刑。」

所謂的簡易判決處刑，就是當被告認罪，所犯罪行最重本刑在五年以下時，檢察官可以依法向法院聲請簡易判決。此時法院可以不需開庭，直接判決被告六個月以下有期徒刑，讓被告可以向檢察官聲請易科罰金。

檢察官訝異的推了一下眼鏡，「被告罹患愛滋病？這是他犯罪的主要動機？」

「被告只是不想讓父母操心，才會做這樣的傻事。他的精神狀況確實不好，也仍在積極治療中，請檢察官根據刑法五十七條及五十九條的相關規定，考量被告的狀況，予以酌減。」我說。

檢察官沒說再說什麼，但是他安排了調解期日，讓被告還有機會與被害人調解。他特別叮嚀被告，如果兩造可以和解，他會考慮向法院聲請簡易判決處刑，但是希望他可以珍惜這一次機會，重新做人。

事情應該算是有了完滿的結局。在我再三向被害人解釋他為什麼要搶奪以後，被害人總算可以諒解。檢察官也給了他最後一次機會，他們家最後以分期付款的方式，由他向親友借貸，父母擔任保證人，繳納這筆罰金。

他，現在仍在定期治療中，也找了一份新工作。他的第一份薪水，全數交給父母，還有償還這筆借貸的罰金。

我幫他發了律師信函給他的「好朋友」，這些「好朋友」，當然再也沒找過他。

認錯

這件事情，是從朋友的媽媽開始的。

張媽媽是我們長久以來的客戶，我擔任她的法律顧問。事實上，她很少有事情找我，所以這次慎重其事來辦公室，我覺得應該事有蹊蹺。

她一進到會議室，表情很複雜，「我兒子要從上海回來了。」她說。

「很好啊，恭喜你。」我有點訝異的說，「但是我沒聽過您有兒子。」

「唉！」她嘆了一口氣，「說到我這個兒子，從小就在外面闖蕩，我要他乖乖做生意，他去吸毒當組頭，錢賺了不少，但是在幾年前就被通緝，現在留在上海。」

「被通緝？」我問，「這麼說他主動回來歸案，是已經有坐牢的心理準備了嗎？」

媽媽突然放聲大哭，「他已經得了肺癌第四期，是回來等死的。」

我總算懂了。原來他之所以想回來，是因為要見母親最後一面，然後可以死在台灣、葬在台灣。

「他的班機什麼時候？我可以陪他。」我說，「他從松山機場入境，立刻會被航警局逮捕，然後偵訊後移送檢察官複訊。」

「律師，我希望他可以交保。」媽媽堅定的說。「他的身體狀況，不可能在監獄裡度過。我寧願他死在上海，我也不要他死在監獄裡！」

這一點我倒是很清楚，據說，這只是據說，病死在監獄裡，靈魂可能會出不來。

「我試試看。」我苦笑。「根據刑事訴訟法的規定，羈押的要件中有一種叫做重罪虞逃，也就是說，因為你兒子所犯的罪是毒品，可能會判七年以上有期徒刑，加上他又是通緝回來的，被羈押的可能性很高。」

「可是他是自願回來的！」媽媽尖聲道，「我不管，你要幫我想辦法。」

兩天後，他的班機準時到達松山機場。一進來，兒子就被上手銬，然後到航警局接受訊問，我帶了另一位律師準時到場陪同。其實整場訊問相當快速，因為只是載明他自動到案而已，接著準備移送台北地檢署訊問。

到達台北地檢署的時候，已經將近晚上十點，是由值班的檢察官處理。原本以為只是很簡單的人別訊問而已，也就是確認這位歸案的人，究竟是不是本人。然而檢察官突然問了另一個問題：

「被告除了本件毒品案以外，有沒有涉犯其他案件？」檢察官問。

他遲疑了一下，這一下讓我心驚膽跳。「嗯，應該沒有。」

「我看了你的前科記錄表，似乎還有一件竊盜案也被通緝。」檢察官雖然用「似乎」，但應該是「確定」。

「我沒做，這不是我幹的。」這次他總算沒遲疑了，然而我還是覺得凶險四伏。

檢察官面無表情的說，「是不是你做的，要等到本署調查完畢才會知道。但是你確實沒有到案說明，也因此被通緝，因此本署決定對你聲押。」

這回總該我出場了，「檢座，本件被告罹患肺癌四期，監所恐怕無法處理這麼嚴重的疾病，根據刑事訴訟法第114條，是不是能讓被告交保候傳就可以？」

「大律師，我們監所醫療環境相當理想，請你不用擔心。」他很客氣的說。

我心裡縱然很有意見，但是我可沒辦法舉證監所環境確實可以治療第四期的肺癌，所以我把診斷證明書交出去，要求記明筆錄，被告確實身患重病後，接著只能等待法官開羈押庭而已。

法官沒有給我們驚喜，當天立刻收押。

對我而言，有種被突襲的感覺，畢竟肺癌四期，唔，我不知道我們的看守所有辦法治療這樣的疾病。然而法官既然這麼說，我也只能相信我們監獄的醫療設備確實足夠先進。

走出法院，媽媽焦急的問我，「交保嗎？要多少錢，我都願意負擔，他不會跑的。」

我搖搖頭，「我盡力了，法官還是認為他不適合交保，我會依法抗告。」

媽媽很憤怒的說，「你們是要他死在監獄裡嗎？」說完掉頭就走。

我很尷尬，因為我不知道怎麼向她說明，實務上羈押真的是寧爛勿缺，而且通緝加上重罪，羈押的可能性就會更高，法官不會因為一張薄薄的病歷，就會放人。抗告駁回，這是意料之中，很快也就起訴了，進入法院審理。我們準備開始竊盜案的準備程序。這段期間，我到看守所跟他聊聊案情。

「毒品的案件你應該有心理準備了？」我問。

他慘然的笑了，「人都要走了，有什麼好介意的？反正判七年，我也活不了這麼久。我回來，純粹是為了見我媽最後一面，還有，我希望死在台灣。」他語氣堅定的說。

我看著他削瘦的臉龐，四十幾歲的大人，但大概也只剩下四十幾公斤，身材還算高大，但是非常憔悴。他不時會咳嗽，但是還算健談。

「人生不就是這樣，我玩夠了這輩子，傷了很多人，特別是我媽。我老婆跟我離婚，我沒有孩子，就是這樣走一圈，怎麼來，怎麼走。」他看起來蠻不在乎的說。

「但是竊盜案？」我問。

他突然粗暴的打斷我，「我沒有做的事情，你不要跟我討論。」說完又劇烈的咳嗽，「我是被誣陷的，我都認了販毒，竊盜我會不認嗎？」

時值十二月，天氣很冷，他的身體狀況看起來真的很不好。

「能把我放出來，那就想辦法。」他又轉為平淡，「如果不行，那我就死在裡面。反正也是死在台灣。」

看起來他不想跟我討論竊盜案，我只能努力從卷證中尋找。我們的助理隔幾天後，把所有的閱卷資料交給我。

卷證資料不多，大概就是他在某天早上被發現，在家附近的別墅摔斷腿，意識不清楚，身邊有許多血跡，送醫急救後，驗出體內有酒精與毒品反應。而屋主表示，家中大概損失幾瓶洋酒、電視、烤箱、名畫等，約合新台幣百萬之譜。檢察官依加重竊盜罪起訴，所謂加重竊盜罪，就是闖空門之後行竊，刑期至少六個月以上。

我想了很久，這件事情如果沒有共犯，到底這些物品被誰搬走？畢竟被告被發現的時候，是躺在屋外的草坪上，沒有任何贓物在旁。而他，當時是斷腿的。

我第二次去看守所看他。

「律師，我不想談這件事情，我都說我沒做了。」他用著虛弱但是不耐煩的聲音跟我說。他看起來臉色又比上星期差了點。

「不，你一定要告訴我。當天發生了什麼事。」我要求他一定要說。「不然你沒辦法交保。你不為自己想，也得為你媽想。」我很認真的跟他說。

「好，」他像是洩了氣的皮球，「我真的沒做。」

「當天晚上，我因為心情不好，在家裡吸毒後，走到家附近的別墅。我也不知道怎麼回事，就走進人家家裡，然後進入他們家門。屋主不在，我上到三樓去看星星。突然我覺得自己應該可以飛，我就往樓下跳，腿那時候就斷了。斷了以後，我昏了過去，醒來時候已經半夜。我又爬進去家裡，覺得口很渴，所以拿了他一瓶酒敲碎瓶口後，喝了幾口。我又爬出來想要求救，接著就昏死過去了。」他慢條斯理的講完。

「那麼屋主的那些東西？」我用手指輕敲著桌子。

「咳咳……我沒拿！」他情緒又轉為激動，而且咳嗽的很厲害，幾乎上氣不接下氣。

「這個人很過分，就是把沒有的東西栽贓給我，這就是我不想談的原因。」

我低頭看了警方的勤務報告、檢察官的筆錄，他與屋主的證詞確實差距很大。有趣的是，屋主原本把他太太列為共同被告，認為一定有人一起搬動贓物，後來檢察官對他妻子的部分不起訴，因為證據實在不足。

「好吧，我會努力幫你釐清事實。」我說。

「律師，我這一條不會認罪，你要堅守我的底線。」他很嚴肅的說。

準備程序終於在兩週後開始。我們的法官，年紀看起來比較大，但是檢察官看起來很年輕。我暗想，「他應該比較有經驗，可以判斷出問題在哪裡吧。」

核對完身分後，法官說話了。「大律師，你們當事人願意認罪嗎？」

「不認罪。」我說。「我們希望可以聲請調查附近的監視攝影機影像、傳喚屋主當證人，我……」法官搖搖頭，打斷我的話。「大律師，你的當事人前科累累，你知道吧？」他沒等我回答，繼續說，「如果你們願意認罪，我可以考慮讓他交保，因為他犯後態度良好，所以我可以考慮給他六個月有期徒刑。當然了，你們不認罪也可以。我們留待合議庭審理，不過我們審判長沒這麼好說話，到時候如果是重刑，我也沒辦法。」說完看著我的眼睛。

我楞住了，講完這些以後，我還有得選嗎？

「庭上請給我五分鐘時間，讓我跟當事人溝通。」我立刻說。

他的眼神冒火，「律師，你要出賣我嗎？」

「不是這樣說的，你可以交保。」我說。「你的病情不能拖了，我怕你會死在裡面。」

他沒說話。頭低低的。

「我知道你是無辜的，可是你也知道，現在的情況對你不利。」我繼續說，試圖說服他。

他咬了牙，情緒開始崩解，就像是午後的雷陣雨一樣，眼淚開始不斷的掉，「我認罪。」

我立刻舉手，「庭上，被告願意認罪。我們同時以言詞聲請交保。」

法官點了點頭，「我沒有逼你們認罪喔，這是你們自己的選擇。」轉過頭跟檢察官說，「被告認罪，本院改採簡易判決，檢察官有沒有意見？」

檢察官官式的回答，「沒意見。」

法官滿意的收拾卷證，「被告是否交保，我們留待合議庭決定。本件改簡易判決，就候核辦吧。被告先還押。」

被告這時候趴在桌上哭，法警示意要他站起來，他抬起頭跟我說，「律師，你要跟我媽說，我是無辜的。」

我點點頭，但是心裡想，「有人相信嗎？」

一週後，他放出來了。但是不到一星期，他的病情急速惡化，我再也沒見過他。我們最後一次見面，是在靈堂。

母親向我鞠躬，「謝謝你讓他死在台灣的家裡。」眼淚不停的流，沒有聲音。

我手足無措，因為我什麼都沒有做，我沒有盡力幫他打贏官司，甚至背叛他。

事實是什麼？其實我現在還不知道，或許法官為了節省司法資源，也可能是因為十二月該結案了。但是我始終沒忘記，當事人責怪我的眼神，他趴在桌上的眼淚。

或許，我只是個噬罪人，每天吞噬著別人的罪惡維生而已。

告白

我不知道這樣做是錯的，坦白說，我現在還是不覺得有錯。

我跟他是在即時通認識的。一開始我並不想理他，也忘記他到底怎麼出現的。好像是因為看了我的部落格照片，才找上我的。

「安安，你好。」

「你是誰？我不認識你。」

「沒關係，大家都是從不認識開始的。」

「喔，隨便。」

我們的對話，總是千篇一律的無聊。他總是問我，功課做完沒？沒出去玩啊？吃飽了嗎？安安？他倒是比我媽問候我的次數還多。

爸媽每天都很忙，爸爸很沉默，就是工作，回家以後不喜歡說話。媽媽也不會聽我說話，只會告訴我要做功課、念書，連我生理期什麼時候來的，她都不知道。

關於我家，說不上喜歡，但也不會討厭。

那天下午，期末考結束，那個男人又在即時通煩我。他突然問我，有沒有援交？

援交？不就是跟男生做那件事嗎？可以拿錢，可是我還是處女，不想跟他做。隔壁班的男生老是罵我是處女，上星期小紅跟我說，她跟他男朋友發生了關係。還在廁所裡告訴我，那種感覺很特別。有多特別？還不是就這樣，有什麼了不起的？

我沒有理他，只是罵他變態。

三天後，他又傳了訊息給我。

「你到底有沒有做援交？」

「就說沒有了，你很煩耶。」

「那可以跟我試試看嗎？」

「你白痴啊，試什麼？」

「很特別的感覺唷，要不要？我可以給你三千元。」

三千元？媽一個月給我的零用錢也只有一千元。反正總有一天，我都會跟男生做那種事，幹嘛不要現在做？

「喔，隨便。」

「好啊，三十分鐘後，你家附近的小七見面。」

螢幕前靜默很久。可能被我的答案嚇到了。

「喔，隨便。」

三十分鐘後，我騙媽媽要去同學家念書，她搖了搖手，跟我說快去快回，然後興奮的大喊「自摸」！反正她只會在乎她麻將有沒有贏，應該無所謂。

我看到他開車過來，長得很斯文，臉也很蒼白，但是年紀看起來有點大，是個叔叔。

「我就是小凱，你真的敢跟我上床？」

「嗨，有什麼不敢的。」我鼓起勇氣說，但是手心緊張到冒汗。

「那麼我們走吧。」他把車開往我們家附近的摩鐵。我經常經過這裡，但是從來沒有進去過，我總覺得這是個不乾淨的地方。

進去以後，他很飢渴的把我的衣服脫光，只剩下內褲。我躺在床上，感受他很用力的衝撞我。我很痛，皺起眉頭，但是我沒有喊出來，只是把手抓緊被單，我抓得好緊，就像是怕我自己會消失在這個世界上。兩分鐘以後，事情結束了，他很快的穿上衣服，也叫我把衣服穿上。

這就是我的第一次？我只覺得好痛，幾乎都站不起來。我很害怕，好像做了什麼錯事，或是少了什麼東西。但是，又好像沒少什麼。

他把我送回小七，然後給我三千元，我面無表情的回到家，即使下體好痠痛，但是我沒說什麼。媽媽連看我一眼也沒有，看來她今天手氣不錯。

我進房間裡，打開電腦，把這個叔叔封鎖。我突然覺得我很討厭他，不知道為什麼。我在浴室裡，一直洗自己的身體，一直洗，一直洗，只想把這段記憶洗掉。但願我已經忘了他。但是這個男人扭曲的臉，卻一直在我的記憶中出現，好噁心。我可以刪除他的記錄，但是我要怎麼刪除我的記憶？如果就像電腦一樣，可以把檔案直接刪除，丟進資源回收桶裡，那該有多好？

到學校以後，我把這件事情跟小紅說，她很羨慕我，說她男友只會叫她去援交賺錢，跟他做也沒錢拿，我真是聰明。

我聽明嗎？我不覺得，我覺得很空，但是不知道哪裡空。我覺得很痛，我倒是知道哪裡痛，但是我又不能說，這種感覺更痛。

我嘗試要拿小刀劃自己的手，讓自己感受到痛苦。真實的痛苦，不是那種空虛的痛苦。我先劃了幾下，看著鮮血流下來，我竟然有一種舒服的感覺。很痛，但是我感受到我真正的存在。

小紅把我的小刀搶下來，同學亂成一團，只有老師送我去保健室。小紅竟然什麼事情都跟老師說了，她真是不夠朋友，枉費我相信她。她一定是嫉妒我，我要跟她絕交，這種大嘴巴，不值得信任。

我不知道我錯在哪裡，我有付錢，也不知道她到底幾歲，我有錯嗎？

我已經有老婆了，小孩也已經有兩個。但是我對於這樣的婚姻生活，一直覺得很平淡。每天我面臨的工作壓力非常大，但是老婆只會要我努力賺錢，昨天才拿一萬五千元付房租，今天就跟我哭窮，要小孩的幼稚園學費。我受夠了，我以為的婚姻不是這樣的。

我在部落格看到她，好可愛，跟我老婆一樣，只有一百五十公分，但是臉蛋或各方面其實都差很多。不過，我這輩子從沒出軌過，況且她看起來又像是小孩子，應該不可能會跟我怎樣吧?!

果然，她對我總是愛理不理。問她吃飽沒、有沒有專心念書，通通不理我，只會嗯嗯啊啊的。可能我算是她的朋友裡，最老的那一個，哈哈。

那天下午，還是沒有臨時工的工作。我決定上網跟她哈啦。突然問她，願不願意跟我援交，她竟然沒有拒絕我，我應該算是賺到了，老人家說，吃幼齒補眼睛，我近視很深，應該可以好好矯正。

三十分鐘後，我去接她，她看起來很自然，一點都沒有害怕的樣子。開玩笑，我也是第一次做這種事，我這麼辛苦賺錢養家，花點錢在這種事情上面，應該無所謂吧？更何況，我問過她了，她願意上車，而且跟我去摩鐵，應該是已經有相當大的決心。她要不是喜歡我很久，就是經常做這種事。

進去以後，我幫她脫掉衣服，只留下一條內褲，好可愛，特別引起我的遐想。我很快的也把我的衣服脫掉，趴在她的身上。她身材好瘦小，就跟我老婆一樣。馬的，我怎麼會在這時候想起她。

我用力的衝撞她，把我所有的不滿與情慾，發洩在她身上。但是她一直眉頭深鎖，是痛吧，我想。我看著她的眼睛，張得好大，不知道往何處看。好像是天花板，對，她看著天花板，眼神好空洞，好像靈魂就漂浮在上面。突然我覺得我好像做錯事情了。

事情結束了，我送她回家，還把三千元給她。我當然不會忘記這件事情，做完要給錢，這才叫做援交，不然我就對不起她了。她沒跟我說再見，很快的就跑進家裡。我有點茫然，她到底在想什麼？我真的不懂這樣的小女生。

回家以後，老婆不在。我把電腦打開，但是無論如何，都看不到她上線。她怎麼了？發生什麼事情了？

晚上，我覺得老婆看我的眼神不太一樣，帶著一種鄙視的眼光。她發現了嗎？應該沒有，她只關心錢，一點都不關心我，怎麼可能發現。她又開口問我小孩的補習費，我沒有。這兩天我再去問問有沒有新的臨時工可以做。責任還是要有，不然就不叫做男人了。

一個月後，我收到了警察局的通知，要我去做筆錄。做筆錄？我犯了什麼罪？上面寫著，妨害性自主。可是我沒有，她是自願的，我也有給她錢，怎麼會這樣？我怎麼對得起我老婆？

晚上，看著小孩熟睡的臉龐。老婆輕聲的問我，「有心事嗎？錢的問題我也會一起想辦法，我明天要去問便利商店的工作，孩子就請媽媽幫忙照顧……」我沒有聽完，眼淚開始一直往下掉。錢，現在不是問題了。錢能解決的事情，永遠是小事。我的家沒了。

我開始不可抑制的大哭，抽噎的哭著說著，告訴老婆這一件事情。老婆沒有哭，她霍地站起身來，打我一巴掌，我感覺臉頰好火辣，不是肉痛，是心痛。

她說，「我們一起面對吧。」

我必須要說，我永遠不可能原諒這個禽獸的錯。

我女兒原本是個乖孩子，每天按時回家。她只是比較愛上網，但是我也忙，就由著她去，反正我看得很緊，不會有事情的。我家那個死鬼，每天只會上班賺錢，美其名是養家，他最常跟我說，「我這麼辛苦，還不是為了這個家。」我呸！他為了這個家，有關心過我們母女嗎？

我們家這個女兒，從小我就很注意她的一切。最近她開始喜歡追星，特別是那些韓國偶像，到底有什麼帥的？師奶殺手？怎麼就殺不到我？我光是要找牌搭子就累死了，帥的往往不中用，我家死鬼不帥，但是至少每個月都會把薪水乖乖交給我。但是他那點錢能幹嘛？還不是靠我的牌技，還有我的投資本事，跟了幾個會才標到這個房子的頭期款？

我女兒很乖，都是這個禽獸奪走了她的天真。那天輔導老師告訴我，我女兒已經被性侵害，我嚇死了。趕快報警處理。這個禽獸，大我女兒快二十歲，竟然敢對她下這種毒手？一定是他騙我女兒，讓她對我說謊，說什麼要去小紅家做功課？做到床上去了？

我聽到老師告訴我這件事情時，我差點嚇昏了。我是哪裡沒有照顧好孩子？從小她的零用錢就沒缺過，我也盯緊她的功課。家教班、才藝班都沒少過，她到底是怎麼了？怎麼會告訴我，因為她缺錢就跟一個老男人發生關係？缺錢可以跟我說啊！當天我馬上知道，就賞她一耳光，女孩子這麼便宜就賣掉自己，以後我跟她爸怎麼做人啊？

呸！三千元就想買我女兒的處女身？他也不撒泡尿照鏡子？他毀了我女兒，我絕對不可能跟他和解。女兒回家以後，一臉茫然，雖然我沒問，但我就知道一定有事，果然被我猜中了。這禽獸太可惡了，後來還叫他媽媽、老婆跟小孩來我家門口跪，要我原諒他！門都沒有！你們跪死好了，我不可能原諒他的。我女兒自從發生這件事情以後，我已經幫她轉學了，不然怎麼面對同學跟老師異樣的眼光？

他們家三番兩次就來下跪，他老婆還哭得唏哩嘩啦的，是怎樣？下跪就能挽回我女兒的處女身嗎？她年紀還這麼小，竟然還用錢買她，不讓他去坐牢，讓那些室友好好的修理他，還有沒有天理啊？我不會和解的，讓這隻禽獸到牢裡反省，洗屁股等那些大哥修理他吧！

我不知道該怎麼辦，我覺得我有錯，我老公也有錯。

那天他告訴我，收到警察局的傳票，我差點沒昏倒。十年前，我就是看上他的忠厚老實，才會決定嫁給他。婚後我們很辛苦，但也養大了兩個孩子，老大現在念小二，老二現在念幼稚園。雖然我們還沒有錢買房子，但是我相信，只要夫妻一起努力，沒什麼不行的。

我有錯，因為我沒關心他。我不知道我竟然給他這麼大的壓力。其實我一直在想，要怎麼才能讓他振作。我知道現在工作不好找，他也努力的在找臨時工，但是我真的沒想到，他竟然會做出這種事情。

聽完他說的話以後，我給了他一巴掌，希望能把他打醒。但是打醒又如何？那天晚上，我只能睜大眼睛，偶爾糾著心看著兩個孩子，大部分的時間，我都望著天花板。我知道他沒睡，但是我不知道該怎麼說。

律師告訴我，我老公確實犯了強制性交罪。這個小女生才十二歲，比我們家的孩子都大，但是依照法律規定，不管是不是自願，跟未滿十六歲的人性交，都要判七年以下；如果跟未滿十四歲的人性交，要判三年以上，十年以下。聽到這些話，我覺得天旋地轉，幾乎要昏倒。

我的家沒了。

我想盡辦法，去找那個小女孩的媽，希望可以得到她的諒解。我甚至帶著他媽，還有兩個孩子，長跪在他家門口，但是女孩的媽從來不見我，甚至叫警察來把我們趕走。孩子哭，我也只能把眼淚往肚裡吞，我告訴他們，這個媽媽是我們家的菩薩，要跪到她願意原諒爸爸，我們才能起來。可是，我怎麼能開口跟孩子說，老公犯了什麼罪？如果有人對我們家的孩子這樣，我會不會原諒他？

我不知道，我真的不知道。我跪得好痛，心好痛，可是我希望我們家可以回來。那天晚上，我正要跟老公說，我找到了新工作，可以多少補貼點家計，就是希望這個家可以更好，也心疼他這麼辛苦，但是他竟然把錢拿去做這種骯髒的事情。我不敢跟朋友說，只覺得好丟臉，我一定是哪裡不好，才會讓他做出這種事情。

我幾次想死，但是孩子的笑容，支持我繼續活下來。

只是，活下來又如何？我做錯了嗎？我能原諒他嗎？三年後，我的家還在嗎？我不知道。我的心好亂，可是我還是很愛他，很愛寶貝，很愛我的家。

這個家，還會在嗎？我還要嗎？

城裡的月光

「小姐、小姐，你到底有沒有在你們家旁邊的便利超商，竊取兩條巧克力？小姐！」

當我醒過來的時候，已經在警察局。警察先生把我的手銬在長椅旁的金屬桿子上，我不知道發生什麼事情。老公在旁邊，渾身是汗、滿臉焦急，似乎我犯了什麼天大的錯誤。警員站在我面前，似乎是在跟我說話。

「啊？」我很訝異，因為我不知道發生什麼事情。

老公滿是虧欠的表情向警員道歉，「我太太應該是夢遊才會做出這種事情，對不起、對不起！」

「夢遊？」我心中一凜，糟了，這次我真的走出家門了。但是之後發生什麼事情呢？我只記得，我「好像」有到家隔壁的便利商店，接著我什麼都忘了。

警員拿了一杯咖啡給我，是那間超商買的。我貪婪的喝了一大口，稍微恢復了精神，我只記得我吃下 STILNOX 之後，我的腦袋就開始一片混沌。

警員把我的手銬解開，讓我坐到電腦前面，他開始問話。首先是我的個人資料、家庭背景，然後問我一些我完全聽不懂的問題。「你在今天凌晨四點許，有沒有進入某超商？」

我想說，有。但是我又不確定。所以只好回答「可能有吧。」用不肯定的疑問語氣說。

警員迅速打下，「有」。我有點訝異，這不是我的答案，但我沒說話。

「你是否有偷走店內兩支巧克力棒？」警員跟著早已經在電腦上打好的問題朗讀著。

「沒有。但是我不確定。」我有點不知道該怎麼回答。

他又迅速打下，「沒有。」兩個字。

「根據店員及店內的監視攝影機顯示，你有把兩支巧克力棒放進自己的口袋裡，而且最後沒有結帳，你有何意見？」他問。

我？我要有什麼意見？我沒有做。

警員看我很遲疑的表情，直接向我說明，「張小姐，這件事情是確定的，你所有的竊盜過程，都已經被監視攝影機拍下來，也有光碟當做證據。難道光碟裡的人不是你？」說完以後，他把光碟放進電腦裡。果然，畫面裡的衣服就是我現在穿的這一套，髮型、外表都是我，這裡面的人就是我。可是，我怎麼一點印象也沒有？

「我，沒有意見，可是我真的沒有做。」我開始慌了，心裡非常的惶恐，就像是落在水裡即將溺死的狗一樣，我喘了好幾口氣，想要抓住些什麼。沮喪的心情很快的籠罩在我的四周，就像是黏滯的灰色混擬土，把我包圍在鋼筋之中，甩也甩不掉。我快窒息了。

先生看我狀況不對，過來抱緊我，他一手拍著我的肩膀，一手摸摸我的頭，輕聲的跟我說：「沒事的，我知道妳沒做這件事，我們一起度過。」

我的眼淚開始一直往下掉，在我先生的肩膀上，散成水花。

我被送到地方法院檢察署去。這是我第一次坐警車，沒想到竟然是在這種狀況下，我是被告，好羞恥的名詞。我要怎麼面對我的鄰居、同事，說我偷東西？我還怎麼做人？這件事情會不會很快傳到公司去，接著我就被開除。先生會怎麼看我？他會不會跟我離婚？我是不是一輩子都不會好了？

這些疑惑，侵蝕我的內心，把我擊倒在地，狠狠的嘲笑我，我就是個惹麻煩的人而已。

檢察官沒有問我特別的問題，就是把警察問我的問題，確認是不是我講的而已。我全身發抖，嘴唇發白，不知道該怎麼辦。

檢察官是個女孩，她看我似乎狀況不太好，請我坐著休息一下，然後請法警拿了杯水給我喝。她問我，「妳願意認罪嗎？超商已經告訴我們，他們可以原諒你。妳拿走商品的價值很低，而且又沒有前科，我可以考慮給你緩起訴，但是你必須要認罪才行。」

我沒有罪！我根本不知道我自己在幹嘛。我心裡的聲音不斷的在吶喊，我沒有罪！

「我不能認罪，當天我真的在服藥以後就神智不清了。」我鼓起勇氣說。雖然我知道沒有人相信。

檢察官翻閱著卷證，「妳先生有提到，妳夢遊？」看起來她不太相信。

「我真的不知道發生什麼事情了。」我近乎懇求的說。

她讓我走了，不用交保。但是三週後，我就被起訴了。

又隔了一個月，法院傳喚我出庭為自己辯護。

天曉得我這兩週是怎麼過日子的？我每天都沒有力氣上班，一覺醒來，就想起那天在警察局的經驗。早上我只想一覺不醒，我盯著白色的天花板，天花板會旋轉，而我的眼淚就是一直迴流，好像是被判死刑一樣的痛苦。老公很辛苦的安慰我，但是他的話好像離我很遠，我沒辦法聽清楚。

那天早上，我又依稀聽到他幫我跟公司請假，但是公司委婉的告訴他，不要我上班了。

我的工作又沒了。

這一次，我連眼淚都沒辦法流，只是悶在心裡有一塊大石頭，壓得我好痛。我又沒辦法呼吸了，而且想把一星期的藥全部吞下去。老公把我的藥搶走，然後抱著我大哭，「妳不要這樣，我求妳。妳放棄自己，我要怎麼辦？」

他很傻。

他跟我認識十年，結婚三年。他一直知道我有雙極性情緒障礙，也很努力在照顧我。說實在話，我不知道他愛我哪一點，我只是個拖累他的人而已。

我面無表情的看著他，就像一世紀之久。

開庭了。我一樣不認罪。我真的沒偷竊，當時我不曉得發生什麼事情。

法官問我，到底我是不是要做精神抗辯？我不確定的說，我沒做，我也不是要藉由裝瘋賣傻來讓自己沒罪，我只是很害怕而已。

法官搖搖頭，沒說什麼。他跟我說，會判我罰金七千元，緩刑兩年，畢竟我有竊盜的行為是事實。

我想放棄了，這段日子好累。老公陪我走出法院，握緊我的手，他感覺到我的掌心都是汗，連忙拿衛生紙幫我擦乾，然後牽著我去吃麵。

我的淚水滴在麵裡面，湯是鹹的，我是死的。

回到家，老公回去上班，他再三叮嚀我先停藥，會再帶我去另一家醫院看病。我點點頭，下午還有新工作的面試，我得先準備一下。

他走了，屋子裡空空蕩蕩，我突然覺得好空虛。我躲在牆角裡，開始抽抽噎噎的大哭起來，只有身體縮成一團，才能感受到一絲絲的安全感。我把我全身裹在棉被裡，放聲大哭。黑暗把我包圍在小小的空間裡，我還是害怕，沒有人在我身邊。我打開藥罐，又吃了幾顆藥，似乎有好一些，不再這麼恐慌了。但是，一種昏沉的感覺又上來，我只能口齒不清的打電話取消面試，準備去睡覺。

然而，昏昏沉沉中，我想到晚上的菜還沒準備，應該要到超級市場一趟。隨便抓了件衣服，想先準備好晚上的食材再睡就好。

超市裡，我挑了一瓶紅酒，把幾樣小東西放在自己準備的環保購物袋裡，剩下的用手拿著就好。晚上，我想親自做飯，希望可以給老公一個驚喜，他這陣子以來真的辛苦了。

我走出結帳區，然而警衛很快就靠近我，在我還不清楚發生什麼事情時，櫃檯小姐看著我的購物袋，問我：「小姐，妳是不是有東西沒有結帳？」

「我可以付，我真的忘記了。」我用求饒的語氣，幾乎想要下跪讓他們原諒我。

他們沒有讓我付錢，而是把東西直接拿回去，請我到警衛室去坐，二十分鐘以後，警察來到這家超級市場，我又被帶回去做筆錄了，罪名當然又是，「竊盜罪。」

老公這次似乎鐵了心，一定要我找律師。而我，透過朋友的介紹找到了他，就在檢察官再次起訴我的那天。

「你好。」就在我剛進會議室，律師就先跟我打招呼。

他看起來確實像是流氓，但是不知道為什麼，其實我看到他的時候，我覺得一股暖流通過我周圍，好像是天塌下來，他都會想辦法頂著那種感覺。

這位律師姓呂，問了我很多細節，可是我真的不知道該怎麼說，我真是沒用的人。還好，他沒有生氣，只是聽了前面第一個故事以後，他要我先生多花一點心思在我身上，而聽到第二個故事時，他重重的拍了桌子，「哪有可能早上去開庭，下午偷東西？」

我苦笑，「我也不知道。」

「來，你不能什麼都不知道。請問你，為什麼要拆掉紅酒的包裝？」他問。

「我還是不知道，我只是隱約感覺，有把紅酒的外包裝拆下來。其他的小東西，就跟紅酒放在購物袋裡。」她說，「我知道我沒辦法解釋，可是我真的可以付帳，一點都沒有想要偷東西的意思。」

那律師輕拍我的手，希望我不要緊張。他問，「你真的想主張精神抗辯嗎？這種抗辯難度很高。原則上，必須先證明有長期病史，而且犯案當時，真的剛服用藥物沒多久而已。」他苦笑，「你先生不是要你先停藥？」

「我，不舒服。不然你以為我為什麼一定要吃藥？那種情緒上的紓解，只有透過吃藥，才會趕快好。」我說，「我並不是神經病。」眼眶開始泛紅。

老公在旁邊，沒說話，但是他的心好像揪了一下，眼睛充滿了血絲，我跟著他心痛。好痛好痛。

律師凝視著我，「我會嘗試著幫你打無罪，如果不行，我至少會幫你爭取再一次緩刑。」

「可以嗎？但是他們不願意和解，不和解還能緩刑？」我似乎燃起了一點希望。「你真的可以幫我忙？」

他豪氣的說，「我們打無罪，其他的部分交給我，我會隨機應變。我會讓你不和解也可以拿到緩刑的。」

我看了老公一眼，他向我緩緩的點頭，我決定信任他。

開庭前的兩個星期，我停止服藥。雖然感覺越來越空洞，心裡的沮喪也與日俱增，但是我知道，我必須走過這一段。

律師陪我到樓上，先對我解釋法院審判進行的流程。

「今天是準備程序，原則上，穿著藍色法袍的法官會先跟你核對個人資料，這叫做人別訊問。接著，法官會請檢察官，也就是坐在我們對面的檢察官，穿紫色法袍的那個人，講你到底犯了什麼罪。然後他會告知你的權利，聽完以後你只要說好就行了。」他說。

「我有什麼權利？」我問。

「你可以保持沈默，無需違背自己的意思陳述。可以選任辯護人。可以請求對你調查有利的證據。」他一口氣說完，「最近增加了幾句話，如果是中低收入戶或原住民，也可以申請法律扶助。」

我搖搖頭，「不懂。」

「沒關係，基本上我也不懂。」他笑著對我說，「總之，你有我在就好。他問你的時候，你就點頭說知道就好了。以後我再解釋給你聽。」

我感激的看著他，雖然我的手跟聲音都在發抖。

「接著法官就會問你是不是認罪，不認罪的話，理由是什麼。這時候我不能幫你回答，你要自己講。」他說。

「啊？那我要講什麼？」我又驚了。
「講認罪或不認罪都不對，我教你怎麼說。」他對著我跟老公，講了一些話。
十分鐘後，輪到我們進去。
法官是個年輕的女孩，看起來人很和善。
果然，一切都進行的很順利，大概都是依照他告訴我的進展在走，我有安心一些了。
「被告對於檢察官起訴的內容是否認罪？」她問我。
「我那天早上去開庭，中午因為精神很恐慌，我又吃了藥，接著我沒辦法去面試。因為我想到有晚餐的材料沒買，所以我去超級市場，事情就發生了。」我說。
法官皺了眉頭，「這樣是認罪還是不認罪？大律師？」
終於輪到他了。他站起身來跟法官說，「這是我們今天的答辯理由，我們當事人確實因為服藥的原因才會如此。當時確實屬於精神耗弱的狀態，無法辨別是非。如果鈞院有疑問，我們希望傳喚被告的主治醫師，並且將被告這十年來的雙極性情緒障礙的病史提供給鈞院作為調查。」

「辯護人，我有兩個問題要問你，首先，既然生病十年，為什麼她這一陣子才出現問題？其次，她怎麼有辦法拆掉紅酒的盒子？」法官問他。

「第一，因為被告剛換醫生，這個醫生據說非常會治療這樣的疾病，但是藥用得很重，就像是某皮膚科醫師一樣，總是大排長龍，但是只能看十秒，接著就去領效果很重的藥。」他說。

法官聽了莞爾一笑，看起來她知道我的律師在說誰。

「其次，她當時就是因為精神耗弱才會如此。哪個有竊盜犯意的人會故意把包裝扔在走道上？」他接著說。

「可是，我覺得她既然能拆掉包裝，應該還是有知覺的，偷竊就是不對。」法官對著他說。

他看著法官，「審判長，我會建議我當事人認罪，可是被害人不願意和解，我們如果認罪，你們不一定願意給我們緩刑。」

法官看著我，眼光裡滿是同情，「我應該還是可以給你們緩刑，因為上次的判決是罰金，所以我這次依法還是可以給你機會。」

律師轉過頭來低聲跟我說，「接受！」我鼓起勇氣，「我認罪。」

法官繼續對我說，「可是，我有幾件事要跟你說。第一，你不能繼續吃這個藥了，一定要換藥。第二，你要答應我，不可以再犯這樣的錯，畢竟就是造成人家很多的不方便。不能老是有這樣的問題，好嗎？」

法官的話，好像讓我從地獄爬回了天堂。我紅了眼眶，點點頭，因為我說不出話來。

老公在旁聽席，突然站起身來，激動的說，「謝謝法官，我晚點就帶她去看別的醫師。」

法警有點緊張，但是法官與檢察官，只是笑了笑。

我們走出法院，給老公一個大大的擁抱。律師在旁邊笑吟吟的看著我們。

「你老公很愛你，他很了不起。」他說。

「我知道，我會努力好起來的。」我開始哭，不知道為了什麼。

我知道我會好起來的。

神的孩子在跳舞

「你懂伊斯蘭教嗎？」他似笑非笑的看著我。

「略懂。」不知如何，我講這句話的時候，突然想起了諸葛亮火燒赤壁。說實在話，我只有在倫敦唸書時，與一個伊斯蘭教的女生交往過短暫的時間，說略懂，其實很心虛。

「那我問你，你覺得我們伊斯蘭教徒都是沙豬嗎？」他正色看著我，焦急的搓著他厚重的手。他的中文好到讓我意外。

我雙手一攤，「我今天是來討論你的妨礙公務問題，不是來討論我懂不懂伊斯蘭教的。」

他站了起來，他龐大的身軀佔據了我整個視線。「如果你不懂我們，你如何幫我辯護？你瞭解可蘭經以後，再來跟我談吧。」

我訕訕然的離開這個國家的駐台代表處，回到辦公室。這是一件很簡單的外事案件，不過就是我略懂英文，所以大使推薦我來承接這件案子。從起訴書來看，非常的簡單，就是一個外國人載著臺灣太太騎車違規，被警察攔檢後不服，對警察口出穢言，因此被提起妨礙公務的公訴。

為了這件案子，我決定開始閱讀可蘭經。可蘭經對於我這種信仰傳統宗教的人來說，實在難以閱讀，特別是要找出與「妨害公務」相關的記載，我覺得先知一定不會告訴我在哪裡，可是我又不能只是停留在基本教義派（賓拉登）的印象，在基本教義派的眼裡，不要說妨害公務了，炸掉世貿大樓也是剛好而已。

可是，伊斯蘭教，就等於基本教義派嗎？如果是這種類比，那麼基督教豈不是就等於3K黨？

一星期後，我又到了中東某國的駐台代表處。

他開口問我，「大律師，你瞭解我們伊斯蘭教徒嗎？」

我順口說出（背出？）一段話：「你們可以擇娶你們愛悅的女人，各娶兩妻，三妻，四妻；如果你們恐怕不能公平地待遇她們，那末，你們只可以各娶一妻。」（古蘭經4：3）

「哈哈，你有認真一點了。」他露出了憨厚的笑容，跟他先前冷若冰霜的態度，有很大的不同。」

我心裡捏一把冷汗，不要再問我了，我也只能背得出這一段而已。

還好，他沒有繼續問下去。

「所以，你覺得我們伊斯蘭教徒對女性眷屬的看法如何？」他換了一個方式問我。

「所有的宗教，在一開始都是歧視女性居多的，我想貴教應該也不例外，我只是覺得，貴國在對待女性的態度上，似乎比較保守（conservative）一點。」我小心翼翼的回答。

「保守？我把我的妻子當作我的命。」他突然脹紅了臉，「他們竟然這樣對她。」

我靜靜的聽他說。

「一個月前，我跟我太太騎車經過，突然被警察攔下來。警察說，這是單行道，要開我罰單。一開始的時候，我站在旁邊，只是跟他爭辯不是單行道。他突然向我太太要身分證，我太太跟我當下都不同意，但是他突然用手推了我太太的肩膀一下，向我太太說，他要看誰的身分證，誰就得給他看。」他大聲的跟我述說，彷彿我就是那個警察。

「我當下看到他碰到我太太的身體，我氣死了。我向他說，你是什麼爛警察？他接著就說，要告我妨害公務。我說，你對我太太不禮貌，他說，你要告就去告，接著，我就被他當作現行犯逮捕了，上手銬到分局去。」

「我不服氣，在我們國家，是不能隨意碰觸女性的身體的，我罵他有什麼不對？」剎那間我懂了，如果不懂伊斯蘭教，如何為他辯護？

我們兩人靜默了很久。

「我有兩個建議，你可以認罪，大概法院會給你的刑度介於拘役或徒刑幾個月，易科罰金應該可以解決。另一種情況就是，不承認犯罪，主張你被歧視。」我停頓了一下。「不過，有可能會更重，不一定能說服法官。」

「我要打這場官司。」從他嘴裡緩緩的吐出了這幾個字，「我在乎的是我家族尊嚴。」

三天後，我們在法院開庭。

開庭前，我再次的詢問他，到底願不願意認罪，他沒說話，但是責備的眼神，壓得我喘不過氣來。

審判長在簡單的人別訊問後，開始審理程序。

「請檢察官陳述起訴要旨。」審判長頭也不抬的說。

「如起訴書所載。」蒞庭的公訴檢察官簡單的作了陳述。

審判長抬起頭來，是個年輕的男生，大概差不多三十歲上下。他簡單宣讀被告的權利後，問了他「你是外國人，需要聘請通譯嗎？」他簡潔的說，「我不需要，我在臺灣住了二十幾年，我會說中文。」

審判長滿意的點點頭，接著問他：「檢察官起訴你妨害公務，你是否認罪？本件犯罪事實已經很明確，如果你認罪，法院可以給你機會輕判，希望你能夠考慮清楚。」

我緊張的看著他。他站起來，雖然他的身軀很龐大，但我看來，彷彿他才是渺小的大衛，要對抗巨人歌利亞。

「我不認罪，我認為警察歧視我。」

審判長瞪大了眼睛，「歧視你？這句話從何說起？」

我知道這案件似乎引起了審判長的興趣，應該沒有人在罪證確鑿下，還會以歧視的「藉口」作無罪答辯理由。

「審判長，你讀過可蘭經嗎？」他很認真的問法官。

「沒有。不過，被告，這跟本案有任何關連嗎？」審判長饒富興趣的看著這位留著小鬍子的外國人。

「我想說的是，有些臺灣人對我們伊斯蘭教徒缺乏尊重。」他憤怒的說，「他不可以懷疑我太太是妓女，又碰觸我太太的身體。」

審判長問：「但你承認你有辱罵警察，提到『你是什麼爛警察？』」他翻著卷宗問他。

「我有。」他理直氣壯的說，「他該罵。在我們國家，甚至會決鬥。」

我好想摀住他的嘴，深怕又多一條恐嚇罪。幸好法官相當寬容，他只是笑笑說：「你們國家與我們國家國情不同，決鬥恐怕不行喔。」接著對我說，「辯護人請陳述辯護意旨。」

「被告雖承認確實有於上開時日，對某分局某警察於執行勤務時，以『你是什麼爛警察』等言語，令該員警深覺不快，然並非因為警察開立罰單所致，而係該員警以不當之肢體語言，碰觸被告之配偶，因此引起被告以上開言語責罵員警，請鈞院審酌被告之犯罪動機，予以緩刑之處遇。」我緩慢的唸出幾個字，可是覺得好艱難。

他似乎聽到我的弦外之音，他急忙說，「我不認罪，我沒有犯罪。」

審判長看著我們兩人：「辯護人，你是作有罪答辯？似乎與當事人的意見不同？」

我低著頭，心想，依鈞院之心證，就算主張種族或宗教歧視，會無罪才有鬼，我才不要冒險。但是，他的眼神，凌厲的幾乎要殺了我。我抬起頭來，深吸了一口氣，向法官說：「以當事人陳述為準。請鈞院審酌被告所為乃正當防衛，予以被告無罪之判決。」

審判長看著我，不知是同情還是惋惜。「好，我尊重你們的決定。這樣的話，我們就繼續審理程序，有無證據要聲請調查？」

「請傳喚派出所主管、值勤員警、被告之配偶。」我一口氣唸出了三個人的名字。

審判長有點疑惑，「傳喚值勤員警與被告配偶我可以理解，但是派出所主管與本案有何關係？」

「本件主要還在於被告至派出所後，該名主管對於被告之行為已明顯有種族歧視之嫌，我們認為一定要傳喚。」

檢察官當然反對，他認為沒有必要傳喚證人，只要勘驗光碟即可。

一般而言，警察在值勤時，應該都會有錄影光碟。有些攝影鏡頭直接裝在身上，有些則是由另一位警員手持攝影機，以避免爭議。所以勘驗光碟確實是一針見血的方式。

審判長笑著說，「關於主管部分，待合議庭審理後再行決定，還是請被告辯護人具狀表示，究竟與本件待證事實有無關係，否則我們無法傳喚。另外我們也會勘驗光碟，書記官會事先做好譯文，到時候請你們直接核對譯文是否正確即可。」

我點了點頭。

審判長接著說，「我們先整理爭執與不爭執事項，關於不爭執事項，應該是被告在上開時地有對公務員以不當之言語辱罵。爭執事項則是，被告之行為是否為正當防衛。兩造有無意見？」

我搖搖頭，「沒意見。」他看著我，低聲問：「什麼是爭執與不爭執事項？聽起來很拗口。」

「爭執事項，就是我們跟檢察官意見不同的地方，也就是我們要說服法院，你可能無罪的原因。至於不爭執事項，就是事情發生的經過，也就是事實的部分，我們對這些發生過的事實應該不會有意見吧？」我說。

他嘟噥的說，「我對整件事情都有意見。」

我轉頭跟審判長說，「我們沒意見。」

審判長決定了下次庭期，是在三週後。

他走出法庭的時候，嚴肅的告訴我，「我一定要戰。」

三週後，我們在同一個法庭開庭，審判長並沒有准許傳喚主管，只有傳喚被告的配偶，還有警員擔任證人。

由於他們兩位是我們傳喚的證人，所以由我來主詰問，檢察官則是負責反詰問。

在我國的刑事訴訟法中，詰問制度雖然實施好幾年，但仍有部分律師及檢察官對於這個制度不太瞭解怎麼操作。所謂交互詰問，是在法院詰問證人的時候，如果證人是律師傳喚，就由律師先詢問證人，稱為主詰問；律師問完後，再由檢察官反詰問，也就是針對律師剛問的問題如果有疑點，可以針對疑點部分繼續追問，但是不能詢問證人律師沒問過的問題。接下來又是律師的覆主詰問，也就是針對檢察官剛剛提出的疑點，繼續詢問證人，而檢察官最後則提出覆反詰問，做最後的疑點澄清。通常律師傳喚的證人，都會對於被告比較有利，而檢察官傳喚的證人，則是對於被害人比較有利。這也就是所謂的「友性證人」與「敵性證人」的差異。要做好詰問，必須事先做足功課，設計好問題，否則容易會變成誘導證人，而被檢察官異議，甚至詰問可能無效。不過詰問確實有很多技巧，可以協助釐清真相。

「請問證人，你是伊斯蘭教徒嗎？」我問。

檢察官立刻異議，「異議，辯護人所問的問題與本案無關。」

審判長看了我一眼，「請辯護人陳述這個問題與本案之關係。」

「我希望法院可以瞭解被告在本案的犯罪動機，這與案情有緊密相關性。」我說。

審判長無奈的說，「好，但是請辯護人不要天馬行空，問題還是著重在釐清案情就好。」

太太回答：「是的，我嫁給了他以後，我就改信伊斯蘭教。」

「那麼，伊斯蘭教的教義中，對於女性家屬在外人面前有沒有特殊規範？」我問。

「異議。」檢察官又再度發聲，禁止我問這個問題。「本問題與本案無關。」

審判長又對我看了一眼，「辯護人，我還是讓你問，但是請你盡快進入主題，不要浪費法院的時間。」

我暗罵了幾個字，但是故做鎮定的說，「等一下我問的問題，會在辯論中表示意見。」

審判長示意證人回答。

「要降低視線，遮蔽下身，莫露出首飾，除非自然露出的，叫她們用面紗遮住胸膛，莫露出首飾，除非對她們的丈夫，父親，丈夫的父親，兒子，丈夫的兒子，兄弟，弟兄的兒子，姐妹的兒子，女僕，奴婢，無性慾的男僕，不懂婦女之事的兒童；叫她們不要用力踏足，使人得知她們所隱藏的首飾。」（古蘭經24：31），她朗聲說出經典的文字。

法庭上一片靜默，連書記官的打字聲都停止，因為沒人知道她說了什麼。

「要用外衣蒙著自己的身體；這樣做最容易使人認識她們，而不受侵犯。」（古蘭經33：59），她再說一遍，但是卻完全不同於前面一段話。

我也楞在當場，雖然我簡單翻閱過可蘭經，但也不知道她在說什麼，只好請她重新論述一遍，不然沒辦法記錄在文書中。

我咳了一聲，「當天下午四點多，」我總算進入主題，「你是否由被告騎乘摩托車搭載前往車站？」

「是。」她說。

「當天發生什麼情況？」我問。

「我跟我先生在路上騎車，突然有一名員警把我們攔下來，跟我要身分證。我先生說，那是我太太。警察表示他不相信，說臺灣女人最喜歡跟外國男人交往。我先生很生氣，質問他說什麼，他就用手推我，說他要看誰的身分證，誰就得給他看。我先生情急之下，就罵他是『媽的，什麼警察』、『屁啊你、屁很爛的警察』，警察一聽就把我先生上手銬，帶回警察局了。」她平靜的回答。

我忍住笑意，因為她先生罵得實在太有趣了。明顯就是一個中文很差的外國人，才會講出「屁很爛的警察」這種文字，審判長與檢察官應該也覺得很有意思，只有旁邊的警察臉色鐵青。

「你覺得你有沒有被警員歧視？」我問。

「當然有，在我們伊斯蘭教中，婦女是被充分保護的。警察推我，還用那種鄙視的言語擠兌我，對我而言是很大的污辱。」她肯定的回答。

「我問完了。」我簡單的問到這裡。

檢察官開始覆主詰問，「請問你覺得，警員為什麼要這麼對你？」

這下換我異議了，「異議！證人不可能知道警員怎麼想。」我差點沒說出，「子非魚，安知魚樂？」

審判長似乎被我們煩死了，「檢察官的問題可以修正嗎？」

檢察官換個方式問，「當時警員有沒有告知你們，你們是因為逆向行駛，所以才會停車取締你們？」

「沒有，他一攔下我們，就直接跟我要身分證。後來就發生衝突了。」她說。

接下來換警員上場。還是由我主詰問。不過，敵性證人要做主詰問，真的比較困難，因為他不一定會按照既定的問題流程跟著走。

「請問警員先生，您信什麼宗教？」我問。

「異議！」檢察官立刻發出不滿的聲音。

審判長不滿的對我說，「辯護人，這是個人隱私的問題，也與本案無關，我不許你發問這個問題。」

我無奈的點點頭，重問一次，「警員先生，請問你對於伊斯蘭教的瞭解有多少？」

我知道馬上又要被異議了。果不其然。不過審判長這一次並沒有阻止他的回答，只是用不耐煩的眼神看著我，暗示我要盡快結束與本案無關的問題。

「你說的是回教徒吧？我認為回教徒不就是恐怖分子嗎？他們可以享齊人之福，娶四個太太，而且大部分都很有錢，女人在他們國家的地位應該很低，都要戴面紗不能見人。」他聳聳肩，「我知道的就是這些吧。」

果然是對於伊斯蘭教完全不懂的傢伙。回教，是中國的稱呼，他們不自稱自己是回教徒。四個太太，在現代世界中已經很少，要講他們能娶四個太太，倒不如說匈奴人可以娶自己的母親，講這種天寶年間的事情有意義嗎？至於女人地位低，倒不如說他們對於女人的態度比較以保護弱者的角度去看，真正威脅女人的，不是伊斯蘭教，而是大男人沙文主義。

「請問你當時有沒有講過，臺灣女人最喜歡跟外國人交往？」我問。

「沒有。」他果然完全否認。

「請問你當時有沒有推她一把？」我問。

「沒有。」他同樣簡短的回答。

「那麼她先生為什麼要對你辱罵？」我緊接著問。

「我哪知道？說不定她先生覺得我要侵害她太太，有被害妄想症之類的。」他輕佻的說。

我看著他，眼神很嚴厲，「如果你沒有對她動手，為什麼他會覺得你要侵害她太太？」

他突然一時語塞。只能說，「我當時確實沒有怎麼樣！」

檢察官開始覆主詰問，「請問當時你有沒有表明身分，並且告知他已經違反交通規則，涉及逆向行駛？」

「當然有，因為我穿制服，他知道我是警察，而且我有清楚的告訴他，這條路是單行道。」他說。

他立刻站起來，「他說謊，He is a liar! كذاب！」他講的英文我知道是什麼，但是阿拉伯文，大概只能猜到，意思應該與英文一樣。「他憑什麼用這種方式懷疑我的太太是妓女?!」

審判長示意他坐下，法警緊張的靠近他。他洩氣般的坐下來，我拍拍他的手要他冷靜。檢察官沒有問題了，審判長決定，今天把程序走完，這時候我有不祥的預感。

接著我們勘驗警方提供的光碟，意外的是，這張光碟竟然是從他開始辱罵警員錄影。至於前面的衝突，在光碟裡完全不見。

「審判長，請問這是完整的光碟嗎？」我問。

「這是警方提供的光碟，看起來過程並不完整，但是也只有這張光碟可供參考證據而已。」審判長說。

「我當時以為只是單純的誤闖單行道，所以當時沒有開啟錄影設備，直到發生衝突以後，我才打開攝影機。」警員說。

我沒有再說什麼，畢竟證據就只是如此。

審判長開始要我們對其他證據，表示意見。就程序上來說，證據能力的意見表示，其實在審判中很重要，畢竟這些證詞、文件，如果不被採用為證據，對於被告當然相當有利。但是在實務上，這些所謂「對證據能力表示意見」，往往都只是聊備一格。畢竟如果在實質上，這個被告真的有殺人，誰會管這把兇刀是不是刑求取得的？就算兇刀真的是打了被告一頓才知道放在哪裡，法官也有辦法主張證據能力就是存在。所以，這部分的程序進行得很快，審判長馬上就要我們辯論。

檢察官很簡短的說，「被告犯行明確，確實以污穢之言語攻擊執勤的員警，依法應論處妨礙公務，請求從重量刑。」

我則看了被告一眼，站起身來說話：「被告是伊斯蘭教徒，對於女性家屬而言，他有保護的義務。本件警員以刻板的文化印象，未能考量被告的文化脈絡，而以戲謔的方式要求被告妻子拿出身分證，因此導致被告一時氣憤，應能主張正當防衛，請鈞院能酌予考量。」其實這一段話，我說得有點心虛，因為正當防衛不應該用這種方式主張，只是看到他的樣子，我也只能鼓起勇氣把這一段話說完。

審判長聽完以後，問了被告跟我對於科刑範圍的意見。

「我們認為無罪，但是如果鈞院認為有罪，我們請求給予緩刑。」我還沒講完，就被他粗暴的打斷，「我堅持無罪。」他說。

三週後宣判。

我們靜默的走出法院，他點燃一根煙問我，「你還是覺得我有罪？」

我很艱難的點了點頭，「我認為你有，因為無論如何，都不應該辱罵警員。」

他搖搖頭，「我不明白，你們怎麼會這麼粗暴？」我知道他是說文化上的粗暴，所以我沒有說話。

判決結果出來了。看著判決，我突然想起了伊斯蘭教開齋節的第一個週末，三萬多名的外籍勞工集體慶祝，卻被台南高分檢的檢察官，在臉書上寫著，「台北車站已被外勞攻陷」、「外勞吃飯、睡覺，野餐，擠滿車站，政府再不處理，不僅有礙觀瞻，也會出亂子。」時，我不禁問自己，什麼時候，我們才能成熟的看待多元文化？

天使之翼

晚上的夜市，喧囂雜亂。空氣中瀰漫著各種食物的香氣，潮濕悶熱，但卻有引人食指大動的氛圍。

晚上八點多，夜市裡正人聲雜沓，小販的叫賣聲此起彼落。酷熱的七月天，對於逛街的人來說，已經汗流浹背，如果是攤販，肯定更加辛苦。

他是個在夜市擺攤已久的中年人，他這一生中沒唸過什麼書，但是攢了點錢以後，頂下夜市這個攤位，總算有一席之地。他跟太太一起做章魚燒，在這條夜市上也小有名氣，畢竟在這裡已經十幾年，認識的客戶也多，所以生意還不錯。

那幾天，因為天氣實在太熱，人潮早已不如先前，但是那天晚上很特別，人潮竟然排隊到隔壁攤位。對他而言，這幾天收入這麼低迷，看來可以在今天扳回一城了。

夜市裡摩肩擦踵，為了這些紛至沓來的人潮，他除了要老婆加緊速度外，把女兒也叫出來幫忙。女兒今年才十四歲，而且有輕微的智能障礙，平常都只能在後台準備材料，但是為了生意，也只好請她出來幫忙。女兒憨厚的說：「好。」他很開心，因為她已經很久都不願意出來面對人群，怕有人笑她。

攤位前有一個年輕女子，推著嬰兒車，擋在排隊人潮前，顯得有點突兀。他暗自數了時間，她大概已經在攤位前站了五分鐘，正在講電話，「看來是在等人吧？」他想。但他還是希望這位小姐可以挪步，不要擋住排隊人潮，況且，這樣對嬰兒來說也不安全。

「請問您可以挪動一下嗎？我們現在做生意。」他客氣的說。

女人還在講電話，「你到底在哪裡？我正在這家章魚燒門口，對！你快來！天氣很熱！」完全不理會他跟她說了些什麼。女人一邊說著話，一邊將文宣拿來當扇子搧風。

「小姐，可以請你離開攤位前面嗎？」可能因為躁熱，他口氣開始不太好。

女人斜眼瞪了他一下，把電話掛了。「這條路是你家的嗎？你憑什麼叫我要移開？」

「小姐，我在做生意。」他說。

「做生意了不起啊？做生意更要以客為尊啊！」她開始高分貝的斥責他。「你們這群攤販就是妨害交通，還敢在這邊大小聲？」

汗水不斷的滴落胸前，有點苦澀味，他擦了他額頭上的汗，不知道應該怎麼辦，只能不干示弱的吼回去，「我們這些好厝邊，都是好兄弟，在這邊站街（閩南話，設店面）幾十年，又不偷不搶，你什麼意思？」

女人更拉開音量了，「你是怎樣，有兄弟了不起啊？沒王法了嗎？你們敢對我動手？」旁邊聚集的看熱鬧人潮開始增多，而原本排隊的人潮開始散去，他壓抑不住怒氣，衝出餐車外，拉起衣袖說，「不然你是想怎樣？」

女人說，「沒要怎樣，你想打我是吧？來啊，你就是沒權力叫我走。」看來兩個人是槓上了。

老闆的女兒怯生生的躲在媽媽背後，媽媽直勸，「麥安奈（不要這樣）！有話好好講！」女人一眼瞅見老闆的小女兒，手上沾滿了麵粉，臉上還沾了些許的小白點，傻呼呼的樣子，但是臉色看起來就很害怕。

「智障！」她啐了一口氣，但是聲音大到掩蓋過夜市周遭的喧囂。

他生氣了，左手推了她一把。「你講什麼！」

她被他推倒，跌在嬰兒車旁邊，裡面的小孩被吵醒，開始嗚嗚咽咽的哭了起來。

女人被推倒在地，站起來以後說，「我要告你傷害。」

男人在這時候也趕到，忙不迭問，「怎麼了？」女人跌坐在地上，尖聲道：「老公，他們家是流氓，說他們在這裡幾十年了，兄弟很多，要給我們好看！」

「你說這話是什麼意思？你們仗著人多勢眾是不是？」男人也大聲起來。

「先生，你搞清楚，你老婆罵我家孩子。」他生氣的說。

「她哪裡罵孩子，你有證據嗎？」男人說，「有事我們到派出所講。我要報警。」

冷漠的看熱鬧人群，立刻識趣的散開，警察很快就趕到，把兩男一女帶回警察局偵訊。

小女孩突然放聲大哭，「不要抓我爸爸！」

我坐在會議桌前，回答第四個諮詢。法律諮詢是件很有趣的事情，因為大部分前來諮詢的民眾，其實都沒有資源找律師，他們不懂得找法律扶助，也不會知道自己應該怎麼做比較好。事實上，對於律師而言，很多案件並不適合訴訟，只是當事人自己以為權利受委屈而已。舉例來說，有民眾的房屋稅稅率被調高，氣沖沖的要找政府打行政訴訟。一問之下才知道，那裡真的已經很久沒人居住，而且房屋早已頹圮，他被多徵收四千元的房屋稅（非自用住宅會調高稅率）以後，要政府還他公道。這時候，我們就要耐心解釋，既然有證據，政府課徵四千元也是合理的，而且為了四千元訴訟也划不來，好說歹說才把當事人勸走。

這應該是最後一個案件了，我想。

他把事情原原本本的告訴我。起初我以為只是一般的傷害案件，但是我聽到對方罵小女生，我一整個火氣就上來了。「誰是智障啊？她才是吧！」我差點沒開罵。

「我女兒從此之後，又不敢出門見人，她老是說，她自己是智障。」他黯然的說。

「她真的告你？」我問。

「對，她有驗傷單、證人，聽說他們還有照片。」他問，「律師，我怎麼辦？」

「怎麼辦？我看只能和解了。」我說。

「我不甘心，我女兒被白罵的嗎？」他氣憤的說。

「可是你沒有證據，家裡的人出來作證，可能證據會稍嫌薄弱。」我無奈的說，「隔壁的攤販可以幫你作證嗎？」

「他們每個人都推說不知道，明明就有講，很大聲！」他說。

我搖了搖頭，「沒有證據的話，恐怕要無罪會比較困難。」

「難道就只能這樣？我賠錢給她，讓她罵我女兒？」他低聲問，像是在求我。

「我再想想。你下次再來。」我說。

回到家，一直對這件事情耿耿於懷，我決定上網做人肉搜索。

在電腦前，我輸入「夜市、攤販、動手、流氓」等關鍵字，讓搜尋引擎開始跑。看了好幾頁以後，都是無關緊要的內容，其實很想打瞌睡。然而突然有一則內容彈跳出螢幕，讓我精神為之一振，這是刊登在臉書上的公開訊息，標題是這樣的，「夜市攤販是流氓，請大家不要去買。」

我詳閱內容，當中的描述與他跟我陳述的事實南轅北轍，尤其是對話內容，幾乎是一面倒的在說這個攤販有多無理。但是對照販賣的產品、心智障礙的女兒、流氓家族等字眼，我確定是她，而且，還有一張照片，把他女兒怯生生的模樣刊登在臉書上，供人踐踏觀賞。

我不怒反笑，把這些內容全部列印下來，準備上戰場。

一週後，我再次來到法律諮詢服務處，他一早就在等我。

「律師，下週要開庭了，怎麼辦？」他愁容滿面。

「我跟你說，你去聲請法律扶助，指名找我，國家會給我律師費，你不用給。」我說。

「真的嗎？我付不起律師費。」他說。

「唉，坦白講，他們給我們的律師費，大概跟沒有差不多。」我說，「我平均一個案件的酬金，大概是他們給律師的好幾倍。但是，我願意打。」我把所有在網路上列印的資料，交給他看。他笑了，雖然很悲憤，但是終於笑了，很苦澀的。

這一天，所有的關係人都到齊，他們沒有找律師。是啊，何必找律師？他們是告訴人，而且證據齊全充分，找律師，不過就是多花錢而已。我耐心的等他們陳述完內容，把所有資料握在手中。

檢察官問告訴人，「請問您有想跟被告和解嗎？」

女人鼻孔向上，「不要。」

檢察官無奈的說，「看來證據充分，我們只好依法起訴。最後，請辯護人陳述意見。」

我拿出了臉書上的文字，附上一張驚恐的小女孩照片，是他們拍的。至於文字內容，大概是這樣的：

「我們前天去夜市逛街，又熱又悶，我早就跟我老公說不要去了。沒想到我在等我老公的時候，竟然有攤販說，這是他的地，要我離開。我當下氣不過，就跟他爭執。他竟然說他們是在地人，很多兄弟。攤販老闆看起來就是流氓，女兒也長得像智障一樣，像這種流氓家族，政府怎麼都不去掃蕩？請大家不要去這家店，讓我們抵制牠，讓牠倒店！」

接著下面的回應，第一則很好笑，「我也不喜歡去夜市，那裡又臭又髒。」她的回應是：「我也這麼覺得，夜市根本就不適合像我們這樣的人去。」還有朋友問：「不能和解嗎？」她的回應是，「像我們這種高級知識分子，又是老師，本來是不需要跟他們這種流氓家族計較，但是我就是要他們背前科，反正低等人背前科是理所當然的。我看他們也不會在乎。」

女人看起來，總算開始有點侷促不安。

看完以後，檢察官似乎怒了，「請問這是妳寫的嗎？」

女人小聲的說，「是。」

「被告有沒有要對他們提起加重誹謗的告訴？」檢察官轉頭問我們。

「有，我們要提。」我堅定的說。

書記官快速的打字，把我們的告訴意旨記載下來。

檢察官再次跟女人確認，「這位高級知識分子、偉人的高中老師，您真的不撤告？如果不撤告也沒關係，我會依法處理。」他語帶諷刺的說。

女人呆住了，「我想一下。」

檢察官笑笑的說，「沒什麼好想的，我兩件都會起訴。對於您這種高級知識分子來說，背條前科應該不太好看吧？」

「好，我願意撤訴。」女人咬牙說。

「那麼，大律師，你們願意撤告嗎？」檢察官問。

站起身來，「我們願意。但，」我口氣一轉，「希望她可以寫一封信向小朋友道歉。」

檢察官沒有說話，用徵詢的眼神看著她。

「一定要這樣嗎？」女人洩氣的說。

檢察官有意無意的說，「你是沒有義務，但是看在孩子的份上，我希望你反省。為人師表，自稱為高級知識分子，充滿了優越感，這樣的人怎麼能當老師？」

她沒說話，點了點頭。

三週後，我們同時收到了不起訴處分書，還有一張道歉函，上面只有五個字，「妹妹，對不起。」

案件結束了，他還是一樣的忙碌，小女生又開始她幫助爸爸掙錢的工作，麵粉還是會不小心塗在臉上，但是仍有瞇著眼睛的笑容。

我反覆咀嚼著「高級知識分子」這幾個字，到底誰高級，誰低級？又是誰有資格把人分等級？

親親姊妹

臺灣高等法院就在博愛路上。

博愛路，位處於博愛特區，是日本殖民時代就已經高度開發的政治經濟中心，包括總統府、國防部、最高法院等等具有日式風格的建築物都座落其中，甚至還曾經流傳地下藏有兩噸黃金的鉅額寶藏。臺灣高等法院雖然不具有像總統府一樣的日式風格，但是卻頗符合司法機關特有的凝重與方正。

法官坐在審判席上，俯視底下的被審判者、告訴人家屬、檢察官、公設辯護人，以及告訴人聘請的律師。他坐在這個位置上，已經有十五年了，從地方法院一路到高等法院擔任審判長，他一共花了三十年。他最引以為豪的地方就是，他不會犯錯，他的判決到了最高法院，都是被支持的。法律，在他心中是聖殿，依法裁判這四個字，從他進了司法人員訓練所以後，就是最神聖的圭臬。

今天已經是早上的第四個庭了。法官看了下面坐立不安的當事人，又看了自己的手錶。「喔～原來庭期已經超過三十分鐘了。」他打起精神來，把卷宗攤在審判桌上，以銳利的眼神搜尋底下的被審判者。是的，沒有人能逃過他的法眼。這一瞬間，他經常覺得自己就像是讁奸伏惡的神，這也是他對於審判工作樂此不疲的原因。

「本院偽造有價證券案，開始進行準備程序。」書記官起立後朗讀案由。

就法院的審判程序而言，如果是複雜的案件，刑事法院會分為準備程序、審理程序，民事法院則會分為準備程序、辯論程序。第一個程序名稱都相同，主要就是處理調查證據的部分，當事人有任何證據要調查，或是認罪與否，都會在這個程序當中聲請調查或是處理，準備程序可以開很多次；第二個程序雖然名稱不同，但是實質內容也相同，都是為了讓兩造（民事中的原告、被告或是刑事中的檢察官、被告）辯論而已，原則上只會開一次。我們現在進行的程序，就是準備程序。

她是個細瘦的女子，我從第一次見到她，就覺得她安安靜靜的，當先生以破鑼嗓子大聲詈罵她時，她的回應總是顯得特別軟弱與無力。先生則坐在旁聽席上，顯得有點坐立難安，不斷的跟小舅子交頭接耳。我與被告坐在被告審判席上，心裡忐忑的看著法官。事實上，這件案子在地方法院一審時已經判決三年半，如果高等法院沒辦法重新考慮全盤事實，恐怕只能寄望神祕的最高法院了。

最高法院之所以神祕，就是因為過去從來沒人知道究竟是何人審理自己的案件，也從不開庭，因此往往都是委由律師上訴以後，就糊里糊塗的收到簡短的判決書，上面除了載明不得上訴外，其實許多人對於最高法院的判決意旨是難以理解的。因此我們稱為神祕的法院。據說連探聽自己的案件號碼與承辦股別，都屬於禁止之列，一旦打聽，就會換法官，並且耽擱審理程序。直到二〇一一年才有所改變。

法官推了一下眼鏡，清了喉嚨後，拿著被告的身分證問，「被告姓名、年籍、身分證字號、住居所？」她楞了一下，「什麼？」他再度很溫和的問：「我是問你叫什麼名字，出生年月日等等的基本資料。」女子此時回過神來，看著電腦螢幕，小聲的回答了她的基本資料。

法官滿意的點點頭後說，「這位女士，你涉嫌犯偽造有價證券罪，你可以保持沉默，無需違背自己意思陳述，可以請求調查對你有利的證據，也可以選任辯護人，你現在已經選任了律師沒錯吧？我們今天是要來調查你到底有沒有犯法，請不用擔心。以後本院在法庭上就稱呼你為女士，可以嗎？」

她有點受寵若驚，轉頭向我以徵詢的眼光看了一下，然後說：「好。謝謝你，法官。」

法官接著問：「你在一審被判刑三年半，然後提起上訴，請陳述上訴意旨。」

她又呆住了，她不知道該不該向法官說，她不懂什麼是上訴意旨，可是又擔心被罵。

她一時不知如何回答，又轉頭向我求救。我低聲向她說，「就是問妳為何要上訴的意思？」她緊張的說，「我不知道要怎麼說。」這些話通通被法官聽在耳裡。

法官對她點點頭，很和氣的說：「就是妳為什麼覺得自己無罪啊？妳要不要這麼說，因為妳沒有作，所以妳無罪。」

她點點頭。「我沒有作，我無罪。」書記官快速的在鍵盤上敲打出這幾個字。

法官接著問：「辯護人答辯意旨為何？」

我站起來向法官致意後說：「我們作無罪答辯。上訴理由如下：被告張與其配偶於民國九十七年起共同經營餐廳，並由被告負責會計工作，處理餐廳財務等相關事宜。系爭餐廳是以負責人之名義開立支票帳戶，然而，配偶對於被告都有完整授權，可以任意動用支票，不需經過配偶同意。」講到這裡，我略微停頓了一下，看了電腦上螢幕的字句，確認每一字都有被書記官打進電腦裡。因為書記官的打字速度不見得總是能跟上當事人說話的方式。

「在九十九年一月間，被告的姊姊因為需要向他人借貸，因此向被告調支票。被告在充分授權的情況下，並未告知丈夫，就直接開票給姐姐。而後持票人前來找被告之配偶兌現支票，他認為這是地下錢莊借貸，而被告又懼怕老公責怪其借貸予大姐，因此否認有此筆紀錄，他在詢問被告後，確認系爭支票並未開立，因此向持票人否認該票為真正。此時持票人要求被告之配偶向警局報案以證明系爭支票確實並未開立，他也報警處理，經檢察官訊問後，被告方坦承未告知配偶而開票，檢察官並且認定此為被告私下所開立，因此認定其涉嫌偽造有價證券。然被告之配偶已於事後承認該票據確實為其授權被告所開立，並且已將票款還清，是以應無偽造有價證券之情事，請庭上斟酌予以無罪判決。」我一口氣把剩下的辯詞講完後，靜靜的凝視法官。我在想，聽完這些話，法官對我們的第一印象會是什麼，是狡辯？還是抗辯？

法官聽完以後，還是很有禮貌的向法庭裡所有人宣告：「既然當事人作無罪答辯，那麼我們就繼續進行下面的準備程序。不過，我們先確認本院要調查的證據及證人，請辯護人表示意見。」

我拿出原本就已經呈給法院的聲請調查證據狀，「我們希望聲請傳喚證人，即被告之配偶。待證事實為，該配偶於事前即充分授權被告開立支票。」

法官不疾不徐的轉向檢察官詢問，「請問檢察官有無證據要聲請調查？」

原本都不作響的檢察官突然發聲：「我們要聲請傳喚證人，即被告的姐姐。待證事實為，被告事先就知道本身沒有開票的權力。」

在旁聽席上的被告配偶激動的站了起來，「不需要傳喚她。她不是個東西！」

法官皺一下了眉頭，「請旁聽的民眾保持安靜，否則我要請你離開。」

我驚訝的看著他，「他們夫妻兩人，難道有什麼事情沒有告訴我嗎？」我心裡閃過一抹不安的念頭。

隨著帶警棍的法警靠近，以及法官不耐煩的斥責以後，他漲紅的臉迅速鬆弛了下來，法庭也很快的恢復了平靜。

法官點了點頭，嘲笑似的看著所有當事人：「看來還有很多我不知道的事實，那麼我們今天就把準備程序終結，下一次我們就傳喚被告的配偶與被告的姐姐。對於交叉詰問證人的順序，我想就先訊問被告的配偶，再訊問姐姐，兩造有沒有意見？」

檢察官沒說什麼，法官則是向我說，「大律師，請記得不要問一審重複的問題，浪費大家的時間。本件候核辦。」

所謂「候核辦」，在實務工作上有很多意義。如果是一般的家事法庭裁定，法官提到候核辦，可能就是即將要下裁定，大概也不會再開庭。而如果是民事或刑事法庭，則是因為還有證據等待調查，但是時間不一定什麼時候；或是準備程序已經終結，但是下次庭期的時間還不確定，也會宣告候核辦。

走出法庭的那一刻，我轉頭向她說，「這兩天請跟我約時間，我有事情想問你。」但她只是哭而已。她的先生則是不耐煩的向她說，「你哭什麼？林北（我）都被妳哭昏了。有代誌（事情）我擔啦～」

「你要擔什麼？」我問。

即使事隔四天，他在我事務所開會，仍然難掩氣憤，「如果我老婆真的有罪，乾脆也把我捉去關好了。這是啥咪（什麼）法院？怎麼會管到我們的家務事？」

我無奈的說，「偽造有價證券，並不是家務事，已經妨害到金融秩序。重點應該是你的太太有沒有偽造你的支票。」

他不耐煩的說，「我已經說過，絕對沒有這件事。我早就授權給我太太了。」

我看著她還是在哭泣。我問了她一個問題，「你姐姐以前有跟你借錢嗎？」她欲言又止，她先生又發怒說，「怕什麼，說啊！」

「她在三年前開始沈迷於賭博，可是每賭必輸。一開始，她就來跟我借錢，可是我不敢借她，畢竟是我先生賺的錢。」她說。

「一開始，那以後的情況呢？」我繼續問。

「後來，她找了我媽來跟我說，又說如果我不借她，她就要去死。我只好去問我老公。我老公說，借急不借窮。她是因為賭博才來向我們借錢，但是我們也有自己的生活壓力。所以她要我拒絕她的要求。」她接著說。

「可是你沒拒絕？」我問。

她點點頭，「前後我總共借她超過三百萬元。餐廳就是這樣倒閉的。」

她先生看來有掩藏不住的怒氣。「我就叫她不要借了。」

我心裡涼了半截。按照他們的陳述，先生早就告訴太太，這部分他不同意票據授權。所以即便太太有開票的權利，也因為先生反對此部分的授權，因此沒辦法成為有效授權。

我無力的說，「這樣我知道狀況了。看來我傳喚你們兩位證人也沒有用，我只好不提過去借款的事實。但是，我不問，不代表檢察官不會問；更不代表你們會沒事。簡單來說，要無罪，必須要過兩關，第一關就是，法官相信你們的授權是概括授權，包括借錢。第二關則是，你先生從來就沒有反對過你借錢給姐姐。然而，第二部分是假的，我認為應該會被法官識破。」

她先生焦急的問，「律師，你可以不說出來這個祕密就好了。」

我雙手一攤，「基於律師倫理，我有保密的義務，所以我不會跟法院說。但是，我也不可能叫你們說謊，因為被告固然有說謊的權利，但是律師如果教唆被告說謊，仍然有違反律師倫理之處。」

「說實在話，就算我不說，法院一樣會知道，相信我。還有，請你記得，證人不可以說謊，否則會有偽證罪的問題，最高可處七年以下有期徒刑。縱然你是她的配偶，你可以依法拒絕作證，但是法院如果要求你具結，你又說謊，」我嘆了口氣。

「我不知道我會不會說實話。」他苦笑。

「那你就不應該去！」我說。「你可以拒絕作證，但是你不能說謊話！」

我當下決定，向法院捨棄傳喚這一位證人，因為他身為配偶，雖然可能不用具結，但是我不希望他因為袒護太太而作說謊，縱然不會構成偽證罪，對我而言，仍然是違背律師倫理的事件。

證人，在司法實務上是不可或缺，但又最不穩定的證據。

所謂證人，就是在系爭案件的過程中，「親見親聞」某些事實的人，並且前來法院作證。在法律上，有所謂的「偽證罪」，就是當證人願意作證，而且保證說實話以後（法律上稱之為具結），就有義務一定要說實話，如果故意陳述不實在的內容，就可能觸犯偽證罪。

在實務上，證人不可或缺，因為許多案情都需要證人說明當時的情況。但是證人也最不穩定，因為即使證人不說謊，都有高度錯誤的可能性，遑論如果蓄意說謊，又無法查明時，可能就會有冤獄，或是扭轉判決的情況。

為何說證人有高度錯誤的可能性？曾經有一個教授，在刑事訴訟法的課堂上，直接設計了一個場景。也就是請同學假扮搶匪，在上課間突然闖進教室，拿了教授的皮夾就跑。隔了兩天後，教授詢問在現場的同學，當時搶匪穿什麼衣服？同學的意見竟然都不相同。

如果隔兩天，人的記憶就會有誤；那麼隔幾個月，記憶落差是不是就會更大？這也是證人即便不說謊，都有誤判的可能性。然而，證人也無法偏廢，因為沒有證人，許多事實就無法釐清。

開庭當日，我們的證人，就是處於這麼關鍵性的地位。只是這位證人，是檢察官傳喚的，至於我們所傳喚的證人，也就是被告的配偶，我們已經捨棄。原則上，誰傳喚的證人，就由誰先行主詰問，也就是第一輪的問題由傳喚者發問；第二輪則是由對造行反詰問，也就是針對第一輪的問題補充發問、確認或是挑出矛盾所在。如果想問的問題，超過第一輪所問的問題範圍，就要請法官另外開一輪新的主詰問，不能在反詰問當中訊問。只是，現在的法官大概都不會嚴格遵守這樣的程序，也有很多辯護人，明明是行反詰問，但是作證範圍竟然與前面檢察官所問的問題無關，而是他自己突然想到的問題。這種情況，就等於開了新的主詰問。

聽到我們不傳被告的配偶，法官有點訝異，「你們不是主張他有授權？他沒來，你要如何證明授權確實存在？」

「事實上，在一審作證時，被告配偶就已經表示，被告配偶因為開餐廳，曾經將票據交給被告保管及使用，我們確定有『概括授權』。」我說。

「喔？」法官微笑，沒有再繼續詢問，「跟那天他在法庭上失控有關嗎？」

我為之語塞。只好尷尬的也以微笑帶過。

「我本來想依職權傳喚證人，不過讓我們先看看被告的姐姐怎麼說。」他說。

所謂職權傳喚，是指刑事訴訟法中，法官代表國家對於犯罪者的裁判權，因此有澄清事實的義務，如果有真相不明的情況，法官有義務直接介入調查，所以事實上，就算我們決定不傳喚，法官也可以介入直接傳喚證人，這與民事訴訟的精神，得由當事人負有澄清事實的義務，較為不同。

證人坐上證人席，雖然是姊妹，但是法官還是要她具結，並且由檢察官行主詰問。

「請問證人，你是否曾經向被告借錢？次數、金額為何？」檢察官問。

「有，次數不記得了，總金額大概三百萬上下。」她說。

「你是否曾經向被告的配偶借錢？」檢察官繼續問。

「沒有，他平常很忙，我都是跟我妹妹借。」她回答。

我鬆了一口氣，因為她要是回答「有」，而且接著回答，「他不願意借我」，案件大概就結束了。

「被告開票給你時，有沒有提到被告配偶不願意借你錢？」他問。
「沒有。她只希望我趕快還錢。」她回答。
「你以前跟她借款時，被告有沒有曾經提過，她先生不願意借錢給你？」檢察官問。
這是核心問題了，我摒住氣息，等待她的回答。
「沒有。」她說。
我有些不安，因為這與事實不符。

「你知道這些錢是誰的嗎？」檢察官問。
「我知道，是我妹夫的錢。」她說。
檢察官進一步追問，「你過去向被告所借的錢高達三百萬，都沒有還過，那麼為什麼她沒有跟你追債，而且也沒有跟你提過她先生的想法？」
「她只提到要我趕快還，沒有說她先生不願意借錢。」她說。
檢察官看起來不滿意，但是沒有進一步問題了。

換我反詰問。「你一年跟妹夫見幾次面？」我問。
「幾乎沒見過。」她說。
「那麼你如何能確定，妹夫願意借你錢？」我問。

「不用跟我妹夫確定，他們是一家人，她同意不就等於我妹夫同意嗎？所以我認為，應該我妹夫是同意的。」她反應倒是很快。

我也沒有問題了。因為我也只能這樣問，繼續問多了，問題也就多了。

程序繼續進行，但是法官突然決定詢問被告，這並不在我們的預期之內。

「請問被告，您與先生經營餐廳，每年盈餘大概多少？」法官問了一個看似無關，但是對我而言很頭痛的問題。

「大概賺一百萬元左右。」她回答。

法官的口氣轉為嚴厲，「如果一年盈餘只有一百萬元上下，證人在三年內，向您借款高達三百萬元，而且都沒有償還，您將盈餘都借給證人，你先生怎麼可能不知情？」

她不知道該怎麼說。

而法庭，一片靜默。

隔了難堪的三分鐘以後，她突然說，「所以我先生一直要我不要借他，但是她是我姐姐，我怎麼可能讓地下錢莊把她抓走逼債？」她說，然後眼淚開始掉落。

她姐姐聽到這些話，竟也開始嚎哭，法院裡哭成一團。

法官嘆了一口氣，「證人，我不會移送你偽證罪，畢竟你是她姐姐。但是，來這裡要說實話，不要讓自己『公親變事主』，這樣會妨礙司法公正。」她點點頭。

我很無力，但辯論還是要開始。檢察官獲得全面勝利，我仍然嘗試作最後的掙扎。

「庭上，就概括授權部分，我們仍認為，不論基於民法上夫妻之間得相互代理的規範，或是本件事實上被告有為配偶處理事務的權利，被告都有權利在本案中簽發配偶的票據。即便法官認定被告無此權利，也請法院審酌被告並無前科，還有兩個孩子年幼，只有五歲與三歲，而被告配偶也無意提起告訴，兩人感情甚篤，能予以緩刑之處遇，避免家庭破碎。」我話還沒落完，他突然闖進法庭。

「法官，我覺得你們很無聊。這件案子我根本沒有要告，也沒有人損失。為什麼你們一定要判我太太進去關？這是我們家裡的事情，我就是要我們一家團圓，可不可以拜託你，給我們家一條生路？」講完以後，他跪下來，淚流滿面。

法庭內的所有人，都被他嚇傻了。法警把他立刻扶起身來，法官也要他坐好。

「我們會審酌你的意見。」法官不帶感情的說，「但是，畢竟有些事情，國法難容。」

案件結束了，但「國法難容」四個字，一直迴響在我的腦海中。

沉默的母親

我看著他母親的牌位，雖然滿臉皺紋，但是還是這麼的笑容可掬。

旁邊的家屬仍然泣不成聲，靈堂一片哀戚。哀樂奏起時，家屬準備見她最後一面，整場呼天搶地，我也被悲傷的情緒感染到開始掉淚。是的，畢竟是最後一面，此後天人永隔，不再相見。

我認識他母親，是在兩年多以前，她帶著兒子進來事務所，身軀佝僂但仍顯貴氣，我客氣的跟她寒暄了一下，原來是某位將軍的夫人，正確來說是故將軍，因為先生已經過世十幾年了。

她示意要孩子跟我說話，這孩子約莫三十歲上下，但卻仍顯稚氣，倒是沒有遺傳到父親的英姿颯颯。他怯生生的說，「我偷了公司的東西，主管現在要告我。」接著低下頭來。母親嚴厲的說，「你給我抬起頭跟律師說話，做錯了承認就好。」

我請他談談案情，原來他是工程師，保管公司的重要科技零件，卻把相關的零件盜賣給外人。

「你賺了多少錢？」我平靜的問。

「大概十幾萬吧。」他說。

我掐指一算，這些零件市價大約三百多萬元，怎麼會有人這麼傻，以為公司不會發現？他急忙說：「我可以跟他們和解，這十幾萬元我願意全數歸還。」

母親一聞怒不可抑，直接拿起枴杖往孩子身上打，「你還，你拿什麼還？你從小就只會惹麻煩，要你父親知道，不打死你不可！」一杖一杖打在孩子身上，力道不大，但是用情很深。

我出手阻止時，已有幾棍打在身上，他沒有閃，看著母親的淚水，他彷彿早已習慣。

我皺著眉頭，因為案情並不單純，「你的問題恐怕不是十幾萬元可以解決的。首先，你所要賠償的金額，應該是公司實際的損失金額，而不是你賤賣零件的所得。其次，你所犯的不是竊盜罪，而可能是業務侵佔罪，依法可以量處六個月以上，五年以下的有期徒刑。其三，你的次數高達十四次，如果法院不採接續犯的概念，可能你會面臨一罪一罰的罪責。」

他茫然的說，「我不懂。」

我詳細的解釋：「所謂一罪一罰，就是你賣了十四次，就是要處罰十四次，以一次最低六個月計算，你可能會被判八十四個月，打折也是得要一百萬元以上的易科罰金。」我頓了一下，「更何況不一定可以易科罰金。如果沒和解，恐怕會被判七個月，那麼刑期會介於三年上下。」

媽媽臉色鐵青，瞪了他一眼，轉頭對我說，「律師，這件事我不想管了，請您秉公處理。」說完轉身踏著蹣跚的腳步，走出會議室。

兒子不知所措，我則是登時站起身來，也跟著走出去，暗示助理另外安排一間會議室給她。「伯母您消消氣，等我跟他聊一下好嗎？」

媽媽點點頭，低聲跟我說，「錢，我會付。我們只剩下家裡那間房子了，賣了也就是了。但是你要給他一點教訓。」她的眼睛還有淚光，「我只剩這個兒子了，你幫幫我。」

我點點頭。

重新進入會議室，我沒多說什麼，看著那個孩子，我緩緩吐出幾個字：「認罪嗎？」

他驚恐的說：「律師，媽媽是不是不要我了？我當然認罪。」
我說，「你知道你媽要賣房子嗎？」
他茫然的說：「我不知道。這件事情嚴重到要賣房子？」
我火冒起來了，「不賣房子，你拿什麼還錢？你以為十幾萬元就可以解決事情嗎？好啦，就算是十幾萬元，你有嗎？」
他又低下頭，「對，我沒有。」

我聲音轉柔，「你如果要認罪，那麼我可以幫你勸勸你媽，看他能否幫你籌點錢。但是如果你不願意面對事實，那麼進去牢裡也是剛剛好而已。」
他點點頭，「我知道。我會改的。」
地檢署的通知來得很快，兩週後我們開庭了。

一如我預期，警方移送的竊盜罪，檢察官當庭諭知改為業務侵佔，即使我努力解釋是概括犯意，應該算是接續犯，不要列為一罪一罰，檢察官同樣不接受。但他希望我們和解。
出庭後，他垂頭喪氣的問我，「律師，現在要怎麼辦？我媽好像不想理我。」
我問他，「你真的知道錯了嗎？」
他點點頭，「我第一次感到很害怕。請你一定要幫我忙。」

我草擬了一封道歉信，要他簽名，然後想辦法幫老媽媽找房屋仲介，總算把房子順利賣出去。這是他們母子最後的財產了。

事情很順利，我們跟公司和解，付出了將近四百萬的和解金，孩子也取得緩刑。然而，幾個月，竟然接到電話通知我，他母親過世了，病名是肝癌。

我站在這裡，看著他母親的照片，她彷彿還是不怒自威的看著她的兒子。他兒子在靈位前呼天搶地，我心想，他確實應該要這樣，他欠他的母親一輩子。

一年後，我接到了那孩子的電話，他氣急敗壞的說，「律師，我要被關了，快幫我想辦法！」

我心中一凜，「我已經幫你爭取到緩刑，你怎麼會被關？」

孩子說，「我沒有去跟觀護人報到，後來被撤銷緩刑，我通通都不知道，現在被通緝，我應該怎麼辦？」

我心裡一股厭惡感升上來，但是隨即我想到了他母親的眼淚，所以我口氣放軟，「怎麼了？你為什麼不去報到？」

「因為，因為……」他囁嚅的說不出話來。

我大喝一聲，「因為什麼？你給我說清楚！」

「因為我朋友說，不去報到也不會怎樣，所以我就放著不管了。」他說，似乎理所當然。

「那你朋友叫你去死你怎麼不去死？」我氣壞了，「你知道你媽用了多少心力，才把你從監獄中救出來？」

「我知道錯了，可不可以再救救我？」似乎因為我的口氣，他開始慌了。

「我會到場，但可不是因為你的原因，是因為你媽。」我說。

「我媽？」他似乎有些疑惑。

「當然是你媽。她耗盡心力救你，我都看在眼裡，不然我現在根本不想理你！」我說。

他沒說話，電話那端傳來陣陣的啜泣聲。

我嘆了一口氣，「我先去瞭解情況好嗎？可是如果所有文件都有合法送達，我就幫不了你。」

他沒說話，還是一直哭。

到了地檢署以後，檢察官出示所有送達通知。果然，所有文件都有經過他的簽名。

我沒說話，因為無話可說。

在七夕的這一天，他入獄服刑，而我終究沒能達成他母親交付給我的任務。

III

意外人生

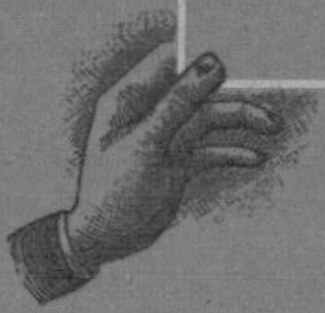

一路向北

她真的不知道，事情怎麼會變成這樣。

那天晚上，她在閃黃燈的路口，以時速二十公里的速度緩慢前行。是的，只有二十公里，她記得非常清楚，因為當時已經晚間十一點多，在車禍發生前一分鐘，她還低頭看了一下自己的時速表，覺得自己怎麼騎車有點慢。

難道，這是預兆，告訴她即將發生的事情？

她在想著，明天保險業務的路線大概要怎麼跑。然而一輛摩托車，就這麼從側面疾駛過來。她只記得這個交叉小路口，既然她這裡是閃黃燈，側面應該就是閃紅燈，怎麼會發生這樣的事情？

他所騎乘的大野狼，撞擊到了她的小綿羊。因為撞擊力道不小，整台機車剎那間往右邊傾斜，她整個人有半身被自己的機車壓倒在地。這時候，已經夜深人也靜，她很清楚的聽見骨頭碎裂的聲音，然後痛楚的感覺逐漸傳到中樞神經，讓她頓時覺得一顆心痛到沈了下去。另外，她更清晰的看見，這個小伙子，大概只有二十歲上下，身手矯健的跳離自己的大野狼，毫髮無傷。

她勉強掙扎起身來，小伙子也幫她把車拉開身體，順便把自己的車扶正。接著她忍著痛拿起電話撥打一一九報案，大概在十五分鐘左右，交通警察與救護車就已經到達現場。

交通警察先幾分鐘到，開始針對現場所有的跡證調查。她心有餘悸的向警察表示，當時號誌閃黃燈，她的小綿羊緩慢的往前進，但是突然左側出現來車，接下來她就被一頭大野狼撞倒，好像已經有骨折的現象發生。警察轉頭問他，是否如此，但是他也強調大野狼是匍匐前進，並沒有搶道爭先，不過還好沒有受傷。警方記載了兩方的說法，但是並沒有記下「還好沒有受傷」這幾個字。救護車到了以後，她就被送往醫院。

診斷結果，她有粉碎性骨折，至少要休養三個月。

她以為對方很快就會來向她道歉，結果並沒有。這段期間內，公司雖然給她三個月完整的病假，但卻是無薪假，況且老闆冷冽的眼神，幾乎是在告訴她，回來妳就知道好歹。這段期間，她根本沒辦法正常的上下樓梯，必須由先生背著她出門看診。她向我形容，「幾乎是生不如死。」

我仔細咀嚼「生不如死」四個字。事實上，生當然比死好，不可能有「生不如死」這回事。但是我在想，究竟是什麼讓她生不如死？應該不是生理上的傷痛而已。

「當然是他自始至終都沒跟我道歉！」她氣憤的說。「明明是他不對，為什麼他一點歉意也沒有？」

「其實我也不知道為什麼，可能是他自己覺得沒錯吧。」我聳聳肩。

「可是根據警察局出示的交通事故初步研判分析表顯示，他有錯！」她說。

所謂的「交通事故初步研判分析表」，就是交通警察在第一時間根據車輛現場圖，以及當事人的筆錄，交叉比對後，做出的第一份事故肇因分析報告；如果當事人不服，可以再向車禍事故鑑定委員會覆議，作為將來求償的依據。這份報告顯示，他確實有「未讓主幹道車先行（閃紅燈未能停車察看）」的問題。

「可是你也有錯。」我比著肇事次因，「上面你也有『閃黃燈未能減速』的記載。就車禍發生的主因與次因，你們可能都有錯。」

「不是這樣的。」她說，「車子已經被移動過。當時我的車速很慢，要我再減速，我乾脆牽車就好。我並沒有錯！」

事實上，發生車禍時，最忌諱之一，就是把車輛逕行移動，如此一來，差之毫釐，失之千里，可能在判定車禍原因上就會有困難。

「好吧，那麼我們就提出過失傷害的告訴，讓他在檢察官前面談和解就好。」我只能這麼說，畢竟對方都不願意和解。

「不過，如果雙方都有肇事原因，會不會影響檢察官對於過失傷害的判斷？」她問。

「原則上不會。」我說，「只要對方有過失，那麼就會有過失傷害的問題，並不是過失全在被告身上，被告才需要承擔刑責。只是說，民事賠償部分，可能會因為兩邊的過失相抵後，金額有落差。我只是擔心他也有受傷，所以在提告時，對方可能也會針對肇事次因，提出過失傷害的告訴。」

「他沒有受到傷害！」她說。「我很清楚的看見他跳離機車，而且還跟警方說他並沒有受傷。」

「那就看著辦吧。」我說。畢竟這件事情，對方也還沒出手，沒辦法判斷究竟有沒有這個問題，但是我著實擔心未來的發展。

「不過，你確定要委任律師嗎？」我問。事實上，在許多的案件上，委任律師的費用，可能比起將來得到的損害賠償要高。以車禍為例，大部分的車禍大概都只有皮肉傷，全民健保就可以抵掉大部分的費用，就算修車等，可能也只有不到一萬元的數字，比起律師費來說，當然不划算。

她咬著牙說，「我寧願賠錢，也要他向我道歉！」

我沒有話說了。

我們提出了「過失傷害罪」的刑事告訴，檢察官也很快就開庭。

「兩造當事人有無和解意願？」檢察官在詢問完兩位告訴人與被告的筆錄後，補充詢問了這一句話。

「我們願意。」我還是彬彬有禮的回應。

「也可以。」對方並沒有聘請律師，也是一派輕鬆的回答。

「那我們就安排兩位到調解委員會去處理，記得要把處理結果回報地檢署，我們會再視情況開庭。」檢察官說。

調解委員會，是個符合台灣民情的設計。調解委員往往都是地方上經驗豐富的退休公務員、教師、校長、書記官、律師等等擔任。其實我相當佩服退休後的專業人士，還願意犧牲自己的時間，領取微薄的車馬費，傾聽這些當事人的「車禍」、「房屋漏水」、「離婚」、「外遇」等等的「小」問題，並且協助他們達成共識。只要是告訴乃論，也就是當事人可以撤告的罪行，或是一般民事糾紛，都可以向調解委員會聲請調解。當然，如果地檢署移送過來的案件，他們也會協助辦理協商。如果兩造可以協商完成，當然對於紓解法院的案源，有很大的幫助。畢竟調解委員會的調解結果，如果經法院核定後，就與確定判決有相同的效力，因此不失為解決問題的良方。

我們提早十分鐘到，對方卻遲到十分鐘。當然，對方還是一個人到。

調解，是個很微妙的制度。在過去調解的經驗中，我的原則就是不談是非與對錯，只談賠償金額應該多少。畢竟調解委員會不是法院，談是非對錯，又有何益？只會讓對方更生氣而已。所以我在調解委員會，向來謙恭有禮。但是這一次不一樣，我生氣了。

我們提出請求的和解金額。原則上，車禍的和解金額，大概包括幾個項目：醫療費用、醫療交通費用（以計程車來回計算）、復健費用、因傷不能上班的薪資、看護費用、車輛修補費用、精神慰撫金等等。關於損害賠償，我經常跟當事人說，我們並不是英美法系的國家，所以不要期望會有高額的所謂精神慰撫金或是懲罰性違約金。我們國家的損害賠償計算方式，大概就是以回復原狀為標準，如果是車輛損害補償，還得計算折舊。至於精神慰撫金，信不信，我們曾經有一個當事人被蓄意毆打，長達十分鐘，並且被害人得到「創傷症候群」，有診斷證明書為證，但最後法官判決的精神慰撫金，竟然是五萬元。所以，不要期望靠車禍賺錢，法院也不時興這一套。我們的法院，只會准許回復原狀的損害賠償而已。

計算得來的金額，我大概事先向當事人報告過，應該頂多就是十萬元上下而已。她聽完數字以後，非常驚訝。明明就是粉碎性骨折，怎麼會只能有這樣的賠償？

「看護費呢？」她問。

「看護費，必須要有醫師診斷證明，載明必須要多久的看護，如果沒記載，一律不能請求。」我硬著心腸說。

「那麼，不能上班的薪資呢？」她進一步問。

「薪資，必須真正因為這樣的傷害而不能上班，由醫師載明在證明上；所請假的天數超過有給薪的病假，才能請求。」我補充說，「而且，所請求的金額，必須依照扣繳憑單上的薪資才能給，沒寫上的金額一律不准加入計算。更不能靠老闆手寫一張計算標準，就要對方給錢。」

「還有我家小綿羊的修車費用呢？」她幾乎快崩潰，大概心想怎麼會遇到這樣的律師。

「修車費用，除了工資不用折舊以外，所有的零件替換，一律要折舊。所以雖然修車花了一萬元，扣掉折舊後，其實所剩無幾。」我無奈的向她說明。

「好吧，精神慰撫金，也就是精神賠償，總該給我了？」她最後問。

「精神賠償，大概一般實務上，以你這樣的傷勢，五萬元以下也就差不多了。甚至可能更少。」我說。

她很明理，最後接受我的提議，我們總共就請求十萬元。事實上，我認為這樣的金額應該可以讓被告接受的原因在於，如果被告真有過失傷害，雙方又沒有和解，法院大概會判刑二至三個月，易科罰金就是六萬元至九萬元，而且不是判刑繳罰金就沒事了，還得另外面臨民事求償。所以這樣的金額，應該可以讓被告接受。

想不到，這位年輕人，直接給我們的回應是：「我沒有錯。我大概可以在『道義上』賠償五千元，其他的金額我不可能支付。」然後，蠻不在乎，不願意道歉。

我心想，還好我的當事人沒有到現場調解，否則可能會因內傷之故，傷勢更加重。

任憑我好說歹說，他就是不願意接受，還告訴我，其實他剛開始第一份工作而已，平常都以機車作為通勤的工具，所以全身上下都沒有錢，不要和解就算了云云。

我最後冷笑，「那我們就法院見吧。」而且我心中一亮，心想，「以機車作為通勤工具？那就是業務過失傷害了。」

業務過失傷害，與過失傷害並不相同。法律認為，如果是「以車輛為上班工具之駕駛人」，那麼就理應負擔較重的義務。所謂「業務」的定義，是指「反覆實施」為原則而已，所以如果是以開車做為上下班的交通工具，就已經該當業務過失，而非是一般過失，不是只有計程車司機才需要承擔「業務」而已。甚至如果是一般上班族，只要以開車作為通勤工具，即便星期日出遊發生事故，都會是「業務」過失，得承擔較重的刑責。

他也不甘示弱，「我也會提出告訴，要求你們承擔過失傷害的責任。」

我懷疑我聽錯了，「你確定？可是我記得你沒有受傷？」

他囁嚅的說，「我，上個月有到醫院驗傷，我的手指扭傷了。我也會跟你們請求賠償十萬元。」

我不怒反笑：「是嗎？你怎麼不說你頭髮也扭傷了？」他一時語塞。

「這件事情已經發生四個月之久，您上個月才去驗傷，跟我們的車禍有關係嗎？更何況，您的賠償金額十萬元，究竟怎麼計算？也請您惠賜高見？」我說，連對他的稱謂都改變為「您」，表示我已經充分的燃燒內心的小宇宙。

「不重要，總之如果你們要和解，就是五千元。不想和解，我們就地檢署繼續打官司。我舅舅也是律師，我會請他出面告你的當事人。」他發狠的說。

「好啊，歡迎歡迎，熱烈歡迎。」我笑著說。「您一旦提起告訴，我們就會提出誣告的告訴，這可是七年以下有期徒刑，就算判刑三月，也不能易科罰金。年輕人，想清楚。」

這次的調解，當然不歡而散。而我們，很快就接到開庭通知，我們這次是被告，但是跟原來的案件一起開庭。

我的當事人非常憤怒，也斷絕了跟他和解的路線。但是我告訴她，其實別擔心，後面有好戲看，因為我已經聯絡了承辦警員。

第二次地檢署開庭，檢察官一開始就詢問和解結果，並且意味深長的看了他一眼，「你堅持要提告對方過失傷害？」他沒料到檢察官會這麼問，「喔，當然，我也有受傷。」

檢察官正想再跟他確認，我已經舉手請求發言：「被告的傷勢，乃是在案發後三個月才去驗傷，是否與本案相關，已多疑問。況且本件警員前往處理時，曾親耳聽見被告論及，其並未受傷，如被告堅持提出告訴，我們會聲請傳喚證人警員，其願意前來作證。此外，被告乃因下班時騎乘機車導致告訴人受傷，應為業務過失傷害。被告一再飾詞狡辯，甚至為脫免罪責而誣告受害人，我們將一併提起誣告之告訴。」我緩緩的說完，讓書記官把所有的字眼記載於筆錄上。

檢察官淡淡的說，「被告都聽見辯護人所陳述的內容嗎？需要我再提醒你一次？」他大概沒料到，一時的失言，竟然會成為呈堂證供，看來港劇的劇情，好像有時也值得參考。

他改口，「我願意和解，但是和解金額的部分太高。」

我立刻接口，「並沒有太高，而且我們當事人現在請求的金額為二十萬元。」他一臉不可置信，而我的當事人也滿頭霧水，似乎被我突襲，因為我並沒有事先跟她提起過，我即將提高一倍的和解金額。

檢察官再問了一次被告：「還有意願和解嗎？否則我就依法處理。我可以直接告訴你心證，目前看到的證據，你應該會成立業務過失傷害罪；我不會起訴對方。至於誣告部分，如果被害人堅持，我會依法分案調查處理。」

他就像是洩氣的小鴨，決定投降。「好，我願意按照被害人的金額和解，但是要給我一點時間籌錢。」

我滿意的向被害人點點頭，我們總算當庭成立和解筆錄。

其實，所有的案件，重點都在事實的發現。法律不會同意不公平的補償，也不會容許被告不應該的謊言。當然，法院經常會出現不正義的結果，但是請相信我，不符合正義，有時候要看是誰的正義；不符合公平，有時候也只是意外而已。

至少，我是深深的相信的。

沒有終點的流浪

通常每天要開的會都不會少，所以難得會有機會在假日以外的時間寫訴狀，那天的情況就是如此。

祕書皺著眉頭敲了我的門，問我：「老闆，有一個『客戶』要來見你，他已經在會議室了。」她特別在「客戶」兩個字加重語氣。

我臉上也帶著相當疑惑的表情，「妳不是說我下午沒有約，可以寫訴狀嗎？」

祕書滿懷歉意的說，「我沒辦法，他說他有聽過你，一定要現在進來，而且……」

「而且什麼？幹嘛這麼遲疑，我去就是了。」我說。

「好吧，你去了就知道。」祕書說。

推開會議室，我聞到一股濃濃的汗臭味，沒錯，就是那位「客戶」，衣衫襤褸，大熱天的圍著一條很久沒洗的圍巾，雙腳只有黑到無法辨認的涼鞋，腳趾甲當然是骯髒的。他的一頭亂髮，上面還飄著幾片大片的頭皮屑。可能因為營養不良，牙齒也幾乎掉光了，剩下幾顆黃斑牙齒，看起來像是一個我們在台北火車站停車場，隨時看得到的流浪漢。

我總算知道祕書的「而且」是什麼意思了，他，不會是我的「客戶」，也不會是我的「潛在客戶」。他的外表看起來，可能在街上，沒人會願意看他一眼。

我坐了下來，小心的問他，「我能幫您什麼忙？」

他似乎有點訝異，然後用不流利的國語跟我說，「我有點問題想要請教你。」我聽得出來他的母語是台語，我立即轉變腔調，用台語跟他對話。「這樣啊，陳先生，沒問題，有什麼話儘管問。」對於當事人而言，講母語是最能夠讓他暢所欲言的方式。

「哈，很久沒有人叫我先生了，都是叫我垃圾鬼。」他似乎自我解嘲的笑了一下，「感謝你這麼稱呼我。」

台北這個城市很讓人驚訝，我們對於流浪貓狗異常的同情，但是對於流浪漢卻視為都市的毒瘤。很多時候，流浪漢之所以是流浪漢，不見得是他們的錯，有可能是他們的命運就是這麼安排，很多時候上帝的大手一揮，我們自以為是的成就、美滿的人生、幸福的一切，從此灰飛湮滅，我們也不會知道為何命運如此安排。但是，身為台北人歧視的流浪漢族群之一，他應該飽受了很多的苦楚。在我們這個城市裡，流浪漢的等級應該是比家裡的寵物要位階要更低的，看到流浪狗貓，我們不一定會報警處理，但是如果流浪漢在我們家樓下，我們可能就會汗毛直豎。

「對不起，我不想打擾你太久，而且，」他頓了一下，「我知道我有點味道。」

是的，因為我靠他很近，所以刺鼻的各種分不清味道，持續在我身邊圍繞。然而我知道他應該缺乏的不只是法律知識而已，我拍了拍他的手說，「沒關係，我可以理解。」

似乎很久沒人這麼對他了，他抬起頭來，用他顫抖的手拱起對我說，「謝謝你。」

他開始把桌上散落的文件，認真的想講給我聽，但是他的組織能力應該退化很久，一句話往往講很多遍，而且前後顛倒。透過桌上泛黃的文件，我大概知道他的妻兒在十五年前發生車禍身亡，駕駛人肇事逃逸，到目前為止還沒有找到嫌犯，他希望我可以幫他忙。

他給我看他妻子、兒子的照片、還有他的身分證。我很意外，他只大我幾歲，但是看起來卻像是老態龍鍾一般。他的妻兒，很漂亮。我看了一下他的文件，除了病歷、死亡證明書等等，意外發現識別證，他其實曾經是某家上市公司的經理。

那是一個美好的秋日下午。他帶著新婚不久的太太，以及他剛出生的男孩，在省道上開著，他們要去賞楓。他，剛升上經理，與相戀五年的女友，終於修成正果。他特地請了兩天假，想要陪太太到山上走走。那是條極為狹窄的山路，四周沒有護欄，所以他很小心。他們一路上都在談著小孩子的未來，看著他熟睡的臉孔，他滿溢著幸福感，就像是秋天金黃色的陽光一樣，溫暖而不耀眼。對面來了一輛車，速度飛快，他出於本能的打右轉閃避來車，然而右邊就是山崖。他，還是下去了。

醒來的時候，全身刺痛，老婆滿臉是血，而孩子沒有聲音，四周只是一片死寂。他全身顫抖摸著老婆的臉，不顧身上的痛，「怎麼了，你怎麼了，醒過來啊。」太太勉力張開眼睛，要他看看孩子。

他轉頭看著男孩，兒童安全椅沒有保護得了他。

他忍住痛，把車門打開。他跟老婆說，他要爬上去求救。老婆點點頭，但又閉上眼睛，不知是心裡痛，還是身體傷，只見她全身發抖。

他花了許久時間，攀上道路以後。滿身是血，在路邊不斷呼救。總算有駕駛經過，幫他叫了救護車。

但是，那已經是三小時以後。

救護車與山青前來幫忙救助，孩子卻在送醫前就過世，而老婆，也在醫院中撒手人寰，只有他活下來。沒人知道那輛車從哪裡來，往哪裡去。畢竟，他連車子的型號、車號、年份、顏色，通通說不清楚。而那時候、那地點，並沒有監視攝影器。

「你當時沒有聲請國家賠償？」我問。「畢竟那種山路應該設有護欄，如果設置單位有稍微注意防範設施，你們也不會就這樣跌下去。」

「我要的不是這個。」他慘然的說。「我要知道兇手是誰。」

刑事偵查開始了，但是竟不是抓到兇手。檢察官的偵訊，目標是他，過失致死罪。檢察官詳細的訊問他，究竟當時車速多少、有沒有應注意而未注意的地方、事故發生是轉彎處，是否有減速慢行。他覺得快被逼瘋了，全家一夕之間沒了，他還得面臨牢獄之災。

他，堅持對面當時有來車，而且車速過快，他只好右轉迴避，但是車子跌落山下。地檢署最後還是認定他有過失，而且要他認罪。

「我怎麼認罪？」他問我。「律師，我是受害人，為什麼我要認罪？」

其實我很難對他解釋，過失致死罪，其實不是為了撫慰他的心靈，而是要調查事故究竟是誰的過失。現場只有他自己車子的煞車痕，但是，他認為的肇事車輛，就像是幽靈般消失。因為他始終不認罪，最後被判決有期徒刑六個月。

「六個月！我怎麼也不能接受。為什麼我的太太過世、我的孩子不見了，我獨活在世上，還要被判六個月！」他的情緒到這裡，突然滿出來，像是表面張力已經不能負荷一般，從酒杯中洩了出來。

到這裡，我知道很難說服他，但是判處有期徒刑六個月，在他不認罪的情況下，又是兩條生命的消逝，在實務上或許已經是輕判。

「我沒有罪！所以我上訴到最後，也不願意易科罰金。」他露出他焦黃的牙齒笑道，「我進去關了。」

「你不願意易科罰金？」我問。

「我不認罪，為什麼要罰金？我一定要找出人犯！」他自顧自的說，「所以出獄以後，我決定要自己蒐證。反正我工作也沒有了，就做這件事情吧。」

太太的娘家沒有對他提告，畢竟他們都知道，這個女婿深深的愛著她女兒。沒有人願意這樣的事情發生，岳父甚至還安慰他，即使將來再娶，一樣會把他當自己兒子看待。

不重要了。即使只有十八萬，但是他還是拒絕妻子家裡想要替他付罰金的好意。在牢裡，他不與獄友說話，他反覆想著的問題，都是那天的情景。他努力回想，那天究竟是哪一台車，駕駛的長相、車子的型號，究竟是什麼？然而他想破了腦袋，也想不出當天的情景。他每天只能用掐緊的拳頭，緩慢小聲的敲打地面，宣洩他巨大的憤怒與哀痛。而時間，也就不斷的過去了，雖然傷痛還一直留著。

他出獄以後，索性把房子賣了，就在這條省道上，騎著摩托車，到處散發傳單，希望有目擊者可以提供任何的線索。有些人會認真的回想，有些人則是把傳單隨手一丟，彷彿怕沾了晦氣。但是，唯一的答案都是，「沒有看過。」

畢竟已經隔了許久，有誰可以提供虛無飄渺的線索？但是他成了這條道路上，最有名的瘋子，他會攔住路人，問他們有沒有看過一台顏色不明、車號不清、型號不知的車輛，曾經肇事？

這比大海撈針還難，我想。

我嘆口氣跟他說，「其實我沒有辦法幫你忙，因為這件案件，所犯者為過失致死，就算你可以找到犯人，因為案發是在民國九十四年以前，所以適用舊法規定，刑法對於兩年以下有期徒刑的罪行，追訴期只有五年；至於民法上的時效計算，則是從事實發生起，計算十年，也就不能請求損害賠償。換句話說，你這件案子，就算能找到真兇，民事與刑事的請求權時效都已經過了。」

他面無表情，只是無奈的問我，「律師，時效究竟是什麼東西，你們每個律師都這麼告訴我，時效已經過去。但是我只是追不到犯人而已，為什麼一個人犯了法，時效可以幫他脫罪？」

我很難為他解釋，時效究竟是什麼東西。畢竟刑法的思維，不在於保障被害人的權益而已，被告的人權、蒐證的完整度，也都是刑法設下時效的原因。我國的刑法，畢竟不是應報主義的思維，但我要怎麼跟他說？我知道他應該已經諮詢過許多律師。他看起來很進入狀況，但也很不進入狀況。他知道什麼是時效，但是他不能接受時效這種說法。

他捏緊他的帽子，嘴唇微張，似乎還想說什麼，但是始終沒有說出口。我問他，「我知道有些地方有庇護所，我也可以幫你跟社會局申請補助，你需要……」

他慘然的笑了一下，「律師，你心腸真好，但是我需要的不是這個。」

我沒再多說什麼，只是跟他說，「你知道嗎？你應該振作，回到這個社會上來，你還有很多事情可以做的。」

「我沒有歸屬，也一直在流浪。自從他們在十五年前死了以後，我就不知道要去哪裡。

但是我過得很好，也在做我想做的事情。」他看著我，好像我才是他憐憫的對象。

「好吧，我理解了。」這是無解的問題，畢竟法律已經不能給他清白，或找尋真兇，他唯一做的事情，就是在剩餘的生命裡，無奈的漂流而已。他在生命的大海裡，已經成為一株漂流木，無根、無依靠，但唯一剩下來的目標，卻又離他如此遙遠，而且目標在哪裡，他不會知道。

我們都無語，靜默在各自的位子上。

喝完最後一杯茶，他滿懷歉意的站起身來跟我說，「謝謝你聽了我一個故事，我沒什麼可以給你的，不好意思。」

我為之語塞，即使我什麼忙都幫不上，但是他還是一派的紳士，與他的衣著，完全不能搭配，連離去都這麼的彬彬有禮。

我送他出門，但是一直在想，他需要的究竟是什麼？真相在哪裡？而法律，又能為他做些什麼？

生命，對他而言，已經就像是沒有終點的流浪。刑法有時效的規定，但是他的傷痛，真有時效可以治癒嗎？

他沒有錯

「律師，你認為有前科的人會不會再犯錯？」男人說。

我搖搖頭，「你先告訴我發生什麼事情。」

他拿出了筆錄與法院的錄音光碟，我開始對這件案件有興趣了。

「你這種人，就是死性不改！」法官說。

「我，沒有做！一審法官判我無罪！」他一坐定，就被法官斥責，覺得有點莫名其妙。

法官冷笑，但沒有說話，迅速進入了準備程序。

書記官朗讀案由，是毒品危害防制條例的案件，被告被控吸食一級毒品海洛因。

法官快速的宣讀完被告的權利，「被告，你今天因為違反毒品危害防制條例，被提起公訴，你可以保持沉默，無需違背自己義務而陳述；可以選任辯護人；可以請求調查對你有利的證據，你對於你的權利了解嗎？」

「啊？」他有點楞住。

「就是說你可以不要說話，也可以找律師，也可以要我幫你調查證據。」法官稍嫌不耐煩的跟他說。

「法官大人，我是冤枉的。」他說，帶著哭音。

「你有做就承認，不要浪費司法資源！」法官說。

「我沒有做！」他幾乎想大喊了。

「你沒有做？那麼你的尿液檢測報告又是怎麼回事？陽性？科學證據會是假的嗎？」法官冷冷的說。

「我，我之前因為咳嗽，我媽有去藥房買了甘草止咳糖漿給我喝，我一審的時候跟法官說過了，法官也判我無罪，這是我唯一能解釋的理由。」他理直氣壯的說。

「他被你騙了，我可不會。你有任何證據可以提示給我看嗎？」法官問。「這是處方用藥，沒有醫生的處方籤，你不可能買得到。」

「我是做工的人，有做才有錢，所以我沒有去看醫生，是我媽去藥房買給我喝的，哪知道第二天，因為我有毒品前科，必須定期去驗尿，隔兩天，剛好警察通知我要去，後來警察就跟我說，我有吸毒，要送法院。」他憤慨的說。「我沒有，我已經改了。」

書記官飛快的打著筆錄，整齊又文謅謅的文字，出現在筆錄上。

「我否認犯行，因為我只是服用母親幫我購買的止咳糖漿，但是我沒有證據。」被告根本沒注意筆錄怎麼打，因為他的全副精神都放在如何說服台上這位體面人。

「所以你否認犯罪。」他無所謂的打開了卷宗，「像你這種浪費司法資源的人，應該要嚴懲才對。你有什麼證據要聲請調查？」

「啊？什麼？」他又問了一次。

「我是說，你要我傳喚誰來、或是要我幫你調查什麼證據，來證明你真的沒有做。」法官不耐煩的說，「還是你要請律師來？」

「我不要！」被告說，「我沒有做，幹嘛請律師？」他堅定的說，「這件事可以叫我媽來做證，也可以叫藥房老闆來這裡說明。」

「關於母親的部分，合議庭認為不適當，因為你母親一定會替你說話，講了也等於白講。」他停頓了一下，「至於藥房老闆，你把名字跟住址給法院，我會傳喚他來。」

第一庭就這麼結束了，他懷著忐忑不安的心情，在三週後，又到了法院開庭。還有，老媽媽終於幫他找到一張當時購買的收據，只是上面寫著「藥品，一百元」而已，其他什麼記載都沒有。

法官這次看起來溫和許多，而且坐到了左邊的位置，中間的那位法官，看起來年紀很大；而右邊那位法官，則看起來像是漠不關心這個案件。他顫抖著將這張收據交給書記官，法官點點頭之後，向被告說要直接附卷，總之他也不懂什麼是附卷，就隨他去了。

證人席上坐的，是隔壁鄰居的藥房老闆，老闆緊張的搓著手，有點坐立難安。法官先要被告問證人，他有點驚嚇，因為他不知道怎麼開始。審判長溫和的說，「這個程序叫做交互詰問，證人在這裡，你就把你想問的問題，直接問他就好。」

他鼓起勇氣，向老闆問，「阿成，你的藥房有沒有賣這個止咳糖漿給我媽？」

藥房老闆立刻回答，「你無通害我，我沒有。」

他急得快哭了，「那有可能，你明明有賣我媽！你給我講實話！」

法官制止了被告，「請被告不要這樣誘導證人。」

被告大喊，「他講白賊，他明明有賣！」

審判長板起了臉，「被告，不要這樣擾亂法庭秩序，不然我要制止你發問了。」

被告洩氣的說，「我沒有問題了。」原本閉上眼睛聆聽的檢察官突然睜開雙眼，「我也沒有問題。」

坐在台上左邊的法官，也就是對他很兇的法官，出示了被告給他的單據，「請問證人，這是你們藥局的單據嗎？」

證人把單據拿在手上，認真的看了看，「對，是我們藥局的。」

「你記得，這一百元的商品是賣什麼嗎？」他又頓了一下，「你要知道，甘草止咳糖漿是管制藥品，要有處方籤才可以賣。不然是會有罰則的。」

「我……」他有點慌了，「我絕對沒賣過什麼止咳糖漿的。這一百元是什麼，我忘了。」

法官也沒再有問題，證人離開了法院，不敢看被告一眼，被告則是垂頭喪氣的只能否認。往後對證據能力表示意見、辯論，他完全喪失了鬥志，橫豎他聽不懂。他只能不斷重複「我沒有做」。

二審判處有期徒刑一年。

「律師，你認為有前科的人會不會再犯錯？」男人又問了一遍。

這個中年男子，是透過一名民意代表找到我。通常，民意代表介紹過來的案件，大部分都是「死案」。所謂「死案」，倒是不一定跟死亡有關係，而是這個案件大概已經定讞，縱然包青天再世也無力回天的案件。民眾為什麼會想找民意代表處理這種「死案」呢？通常不外乎覺得自己有冤情，但是司法無法還他們公道，因此想透過其他途徑挽回局面。不過，司法向來是獨立且封閉的體系，不能也不應受到外力影響，即便我國的監察權或立法權如此「強大」，也無法影響司法權的運作，舉世皆然，不獨台灣。因此，除了民意，以及部分檯面下不堪入目的「運作」以外，能影響司法體系的力量還真不多，死案，無論如何，都會是死案。

對於死案，我的態度向來就是，「盡力而為，節哀順變」。前者是態度，後者是結果。態度能影響結果？那要看情況，大部分都是「節哀順變」而已。

我認真的看著這位當事人。他有點年紀，身材微胖，滿口的檳榔渣，粗糙的雙手暗示他應該是個飽經風霜的工人，當他盡力用不標準的北京話問我這個問題時，我點點頭，希望他用台語溝通會比較自在。

他問我這個問題的時候，坦白說，我心裡突然出現一句話：「相信男人的嘴，不如相信世界上有鬼。」但我還是誠懇的看著他的眼睛，「我相信，前科不代表什麼。但是某些犯罪行為確實再犯的機率是很高的，也會影響法院判斷這個有前科的人，有沒有犯罪的依據。」

我頓了一下，「不過，實務上來說，毒品的再犯率確實很高。」

男子突然抱起頭來，竟然嗚嗚咽咽的哭了起來，「我就知道，這件案子沒救了。」他的哭聲連會議室外都聽得到，「可是我沒做，我真的沒做。」他的手有點顫抖，拿出裝在皮包裡，縐得厲害的最高法院裁定書，裁定主文有四個大字：「上訴駁回。」

一般而言，上訴第三審是屬於法律審，也就是說，第三審只針對原來的判決在適用法律或調查證據上有沒有違法之處，不會對事實做調查，所以也稱之為書面審，原則上不會開庭。但也就是因為如此，所以第三審相當神祕，要能通過第三審的考驗，首先要具備法定的理由，也就是讓最高法院認為，判決在法律上站不住腳，這個關卡大概可以卡死百分之九十的上訴，如果最高法院認為，原判決從「外觀」上來看，「四肢健全、五官分明」，那麼就會用「裁定」的方式駁回，只會有薄薄一張「例稿」，張三的殺人、李四的強盜、王五的毒品，都會用相同的例稿駁回。律師收到這張紙，往往會哭笑不得，因為當事人花了許多錢、律師寫了三十張Ａ４，最高法院只要用一張通用例稿，就全部搞定。律師即使要跟當事人交代怎麼輸的，也無從講起，因為這張例稿什麼都不會交代。

另外一個情況，就是當廝殺進入第二關以後，最高法院會針對上訴的實質理由去審理，剩下的百分之五，就看最高法院如何看待這案件，但是也不一定就會通過，只是說通過第一關以後，第二關發回的機率就比較高，這就是所謂真正的「判決」，而不是「裁定」。我們的最高法院，除了裁定駁回的機率高、判決很神祕以外，就是審理時間也高深莫測。一眼看去就覺得上訴沒理由的案件，可以拖到一年以上；但是案情複雜很難釐清的案件，我曾經遇過二週就發回，而且是裁定駁回，我根本無法向當事人解釋，究竟發生什麼事。

看樣子，他的判決被「裁定駁回」了。「如果已經三審定讞，我真的沒辦法幫你。」我同情的說。「所謂的甘草止咳糖漿，雖然對於止咳的效果很好，但是含有可待因成分。在臨床的藥物檢驗上，確實經常跟海洛因的陽性反應混淆。況且，從證據上來看，你沒有病歷，也沒有就醫記錄。而藥局老闆，本來就不可能幫你，畢竟這是管制藥品，他不會承認在沒有處方籤的情況下賣給你。」

他看著我，「律師，老實說，你買過嗎？你有拿處方籤給藥師嗎？」

我心虛的搖搖頭，因為我確實買過，也從沒拿過處方籤。我們去藥局，不就是圖個方便嗎？我心想。

「沒關係，我沒有要去服刑。」他的情緒突然嘎然而止，只有慘然的笑容。「我之前不懂事，曾經碰過海洛因，也被判刑。這個牢我覺得應該坐，因為我犯了錯。可是，我沒做的事情，別想要叫我去坐牢，一天都不可能。出獄後，我已經重新做人了，我不碰毒品，每天做工賺錢回家給媽媽。但是，我現在決定拼了。」

他站起身來，「律師，謝謝你聽我講了這樣的故事，我知道該怎麼做了。」

「你要怎麼做？」我反問。

「你會怎麼做？」他再問，然後轉身離開。

他，再也沒有跟我聯絡，是去坐牢，還是逃亡，我一無所知。但是到現在，我還在問我自己，「我會怎麼做？」

我不知道。你知道嗎？

家

我以為這是很簡單的返還房屋事件。

羅先生與羅太太結婚已經二十餘年，好不容易在第一間房子付清銀行貸款後，又買下第二間房子。孩子也都長大了，他們準備享享清福，希望用第二間房子的租金付貸款，以後也沒有後顧之憂。

沒想到，這是惡夢的開始。

新來的房客張先生很客氣，他自稱做點小生意，主要是批發賣水果。他們出租的房子有三層樓，張先生希望一樓用來當倉庫，二樓與三樓可以當作住家。羅先生看張先生一人北上打拼，相當辛苦，當下就決定把房子租給他，租金也便宜算。兩人約定一年租約。

「我們要多鼓勵年輕人，讓他可以趕快成家立業。」羅先生跟羅太太說。

一開始，房租的給付相當順利，都可以按時繳清。然而，當最後一個月到期後，羅先生希望能收回給孩子住，這時候出現了狀況。張先生拒絕返還。

羅先生來找我的時候，我覺得這是很簡單的案件，不過就是請求返還房屋。有租約、租約又到期，應該不用聘請律師處理。

「羅先生，我的建議是，你根本不需要找律師，因為這件案件並沒有太大問題。只要您向法院提出民事的返還租賃物訴訟，法院應該在半年內就可以有判決結果。」我看了租約後對他說。

他欲言又止。

「難道租約到期後很久，你一樣收他的房租，而且沒有向他催告請求返還房屋？」我皺了眉頭，因為如果是這樣的情況，可能會比較難處理。

「這倒是沒有。可是如果我收他房租，會產生什麼情況？」他問。

「這時候有可能會變成土地法上的不定期租賃關係，要拿回來可能要有土地法所定的理由，例如說，你想收回來自己住、或是他超過兩個月沒有收租金等等。」我說。

「這當然沒有。」他說，「租約一到期，我就立刻發了存證信函，請他搬離。而事實上，這一個月以來，他也沒有付租金。」

「那麼問題在哪裡？」我問。

「昨天我太太跟他聯繫，他在電話裡大罵我太太三字經，還說如果我們要強迫他搬，他就要給我們好看。」他氣憤的說。「這就是我要找律師的原因。」

「那麼有電話錄音嗎？」我問。

「沒有，當時我太太嚇傻了，沒來得及錄音。」他說。「不過，通聯紀錄是有的。不是這樣就有紀錄了嗎？」

「通聯紀錄不能證明什麼，只能證明你們有聯繫。」我說，「通聯紀錄不等於錄音，如果有錄音，通常是自己錄的。真要到國家幫你錄音的程度，那就是被監聽了。」

講到監聽的議題，他覺得很有興趣。不過因為不是本案重點，我們倒是沒有細談。

「沒有錄音的話，恐怕難以證明真有此事。」我說。「不過你可以再試試看，這次可以錄音，然後問他有沒有在之前講過這些話。如果有，也是有用的。」

他點點頭。「我不希望再跟他接觸，所以希望律師您可以幫我忙。」

我嘆了一口氣，事實上這種訴訟需要律師的地方不多。不過，我還是把案件接下來。

「好，但是你既然請了律師，我希望你真的不要跟他接觸，一切就交給我們來處理。」我說。「特別是，非法律上的舉動，千萬不要做，否則可能會引起更大的爭議。」

「律師，我知道。」他肯定的回答我。

我們很快就把起訴狀送出去，也準備到法院開庭。然而在開庭前兩天，羅先生打電話給我，語多驚恐。

「律師，我被告了。」他說。

「你怎麼會被告？」我問。這個文質彬彬的老好人到底是怎麼了。

「我被張先生告，因為他認為我把他的房子斷電，水果都壞了，他要告我強制罪！我現在正在警察局做筆錄。」

我差點沒把咖啡傾倒在桌上，「你？竟然對他斷電？」

「我想，這樣可能會快一點，讓他無電可用，或許就會搬家了。」他說。

「我不是跟你說過，非法律上的動作都不要處理，你是怎麼了？」我一邊念他，一邊還是拿起卷宗，往派出所去。

派出所的筆錄，其實都大同小異。因為警員打字的速度有時候不一，所以通常針對常見的案件，都會有制式的題目。只是說，如果遇到「一指神功」的警員，我都會很想把鍵盤拿過來自己打。我遇過在某新北市的派出所警員，一份筆錄做了五小時。對，五小時，因為他打一個字的平均時間是十秒。

警員很客氣的告知他，目前他涉嫌強制罪，對方已經提告，因此必須訊問羅先生相關問題，包括這件事情的來龍去脈。他坦承是由他向台電申請斷電，因為租約已經到期，他希望用這種方式可以把他趕走。我把筆錄記下來，大概一小時前後就結束訊問。

我們走出警局外，他很緊張的問我，「會有事嗎？」

「一般而言，實務見解目前認為不會構成強制罪。所謂強制罪，必須是直接以強暴或脅迫，讓對方做沒有義務做的事情，或者是妨害他行使權利。你是因為他沒繳水電費，所以才會請台電對他斷電，應該不會構成強制罪。只是說，你得要到地檢署說明所有的過程。」我說，「坦白說，我認為這不過就是以刑逼民而已。」

「以刑逼民？」他不解的問。

「意思大概就是，當某人跟你有民事上的糾紛，這個某人可能會用告你刑事官司的方式，讓你願意和解。」我說。「這種伎倆，最常見的就是借錢。當某人借錢不還，常常債權人就會提起詐欺的告訴，逼迫對方還錢。」

「哼！」他不屑的撇開了頭，「我絕對不和解！」

我拍了拍他的肩膀，「早點休息吧，做事前要先想一想，這樣會不會有法律上的後果。」

羅太太在旁邊搭腔，「老公，做事情要謹慎一點，不要老是這麼莽撞！」

三天後，晚上約莫八點多，我又接到了電話，這一回是羅太太。

「律師，我在門口裝了監視攝影機，而且還把門鎖換掉，我想他應該會提早搬家了。」她很「喜悅」的告訴我這件事情。

我一聽之下，無名火起，直接吼了出去，「你們夫妻真是了不起，房子到底還要不要拿回來？」

她大概被我嚇到了，怯生生的說，「可是律師，網路上都這麼說的。」

網路說。網路說。這個「網路上這麼說」把我差點斷裂的理智線拉了回來。是的，確實有幾篇文章，在網路上曾經這麼說，也難怪這些人會這麼處理。我又嘆了一口氣，「好吧，那請您趕緊把電腦關掉，不要再上網。接著，把監視攝影機拿掉，鎖換回去。」

「律師，這樣會有事嗎？」她問。

「我又不是檢察官，怎麼能確定有沒有事？」我開始恐嚇她，「你給了他另一個藉口，告你妨害祕密。還有，他還可以再告你一次強制罪。」

「啊？連我也有事？」隔著電話，我似乎可以感覺到她張大嘴巴的驚訝表情，

「但是你別擔心，基本上一樓的大門口是可以公開出入的地方，所以不會有妨害祕密的問題。至於強制罪，換門鎖也不是直接對他構成強暴或脅迫的行為，大概也很難成立。」我說。

「那我就放心了。我等等去處理。」她說。彷彿可以看見她的手在輕拍自己的胸膛，一副如釋重負的感覺。聽筒邊傳來她老公大聲嚷嚷，「你看，我就說要謹慎一點，聽律師的話不要惹事生非。」

我啼笑皆非，把電話掛上。

無權佔有，或者說房東要房客遷讓房屋的案件，通常都會先有調解程序。

法院的調解，對於節省訴訟資源來說，其實相當重要。許多爭議小、金額不大或者有讓步可能性的案件，在法院調解，往往就會有出乎意料的結果。對，就是出乎意料。

法院的調解委員，通常是已經退休的律師、書記官或是學校老師。他們或許沒有律師、檢察官、法官的法學素養，但是在處理糾紛上經驗老到，也通常可以提出適當的建議給雙方當事人。

這次的調解委員是一名國小退休校長，雖然白髮蒼蒼，但是聲音宏亮。他希望兩邊都可以各讓一步，我們可以讓他多住三個月，讓他順利找到房子；他則是要按時付房租，而且三個月後一定要搬走。

羅先生對於這樣的建議似乎不足很滿意，他咕噥著說，「我還要讓他住三個月？我不能接受。這樣跟官司輸了有什麼差異？」

我踢了一下他的腳，說好的，他不許說話，所有的決定會經過他的同意，但是必須透過我的嘴。我低聲跟他說，「官司打完一審，大概也是三個月以上，你如果可以讓步，最後他在三個月後還是不搬，你就可以拿調解筆錄到民事執行處去強制執行，那豈不是比打官司還方便？」

他看起來不是很滿意，但是還是勉強的點點頭。正當我要開口，同意和解時，對方冷不防說了一句話，「我覺得三個月太短，我要半年！」

羅先生聽了這句話，氣得臉脹紅、直跳腳，「你乾脆說都租給你好了，你有沒有一點人性啊?!」

對方好整以暇的站起身來，「你們都有聽到喔，他對我公然侮辱！」他轉身離去，留下漂亮的身影。「我不要和解，就繼續打官司好了。」

是的，這就是出乎意料的結果。

羅先生大聲說，「打就打，我難不成會輸?!」他太太在外面聽到他的聲音，氣急敗壞的說，「老公，不是叫你不要亂講話，交給律師就好，你怎麼這麼莽撞啊！」

我忍住笑，不為什麼。

一個月後，法院終於開庭。

一般而言，如果是簡易或小額訴訟，大概一開始就是辯論程序，也就是說，法官隨時都可以把庭期結束掉，不需要複雜的調查證據等等程序。我們這個庭也是如此，在事實內容不複雜的情況下，法庭原則上都會在二次開庭內，就會結束。

前面的開庭有點延遲，但是並不嚴重。我們是最後一庭，法官看起來有點累，畢竟開庭已經一天。「請原告陳述起訴聲明。」法官簡短的說。

「如起訴狀所載。」我也沒多說，因為我知道等一下有人會出招，有人會中招。

「被告的答辯聲明呢？」法官問。

「法官大人，我有話要說。」被告開始講他的「辛酸」，「我並沒有故意不搬，實在是找不到房子，我也一樣繳租金，不知道為什麼房東要對我斷電，還在門口裝設攝影機、換鎖，在調解的時候，原告還罵我沒有人性。房東會不會太過分了一點？」

羅先生在我旁邊，氣鼓鼓的似乎又想罵人，但是我輕拍他的手，要他別吭聲。

法官看了我們一下，似乎看出來問題在哪裡。「照你的說法，他逼你來這裡打官司，法院裡有攝影機，你剛剛還說，他會不會太過分，那也是強制罪、妨害祕密跟公然侮辱嗎？」法官悠悠的說。被告楞住了，他不曉得怎麼回答。

「依我看，調解委員提出來的條件不錯，你要不要再考慮一下？」法官看著他的眼睛。

「我希望可以有六個月。」他說。

「就三個月。你別再說了。」他的口氣轉為嚴厲。「如果不要，那我今天就可以做出決定，保證比三個月還要快。」

「那他對我的侵害，要怎麼算？」他有點氣餒。

「你要不要考慮對法院提告？」法官似笑非笑的說。

「好，我同意和解。」他看起來就像是洩氣的皮球。

我們很快就做好調解筆錄，事情也總算告一段落。

誰說遷讓房屋是個簡單的案件？簡單，其實一點都不簡單。

懲罰

法庭內，只有幾個人在旁聽，應該是下一庭的被告與告訴人。

我和一對夫妻坐在告訴人的席位上，檢察官翻閱著卷宗，法官有點年紀，端坐在上方，再次向被告訊問：

「被告請確認是否認罪。」法官說。

被告是個看起來文質彬彬的男子，年紀約莫五十歲上下，自稱是從美國剛回來的學者，現在任教於某科技大學。

「我認罪。」被告緩慢的說。

法官抬起頭來，「既然被告認罪，請問告訴人有無意願與被告和解？」

太太還有點膽怯，就是一個單純的家庭主婦。「我不知道，要問我先生。」

我看了丈夫一眼，「接受吧。」我說。

丈夫遲疑了一下，咬了牙說，「我們願意接受和解。」

我立刻向法官補充，「雖然兩造暫時同意和解，但仍請庭上再開一次審理庭，我們會陳報雙方和解的金額。」

法官滿意的點了點頭，「好的，本件既然兩造同意和解，我們另訂庭期，告訴代理人再將和解結果陳報給法院。」

步出庭外，先生不安的問，「大律師，真有這麼順利嗎？」

我聳聳肩，「我也不知道，先看他提出的和解金額再說。」

被告剛好也走出庭外，我急忙叫了他，「教授，借一步說話。」我看著他，「您大概可以提供多少和解金額？」

他閃過一抹詭異的笑容，「就是當初保險公司理賠的金額，我，一毛都不會拿出來，我沒有錢，也不願意付。」

我立刻說，「那麼和解不會成立，你也拿不到緩刑。這件事情牽涉到過失傷害與肇事逃逸罪，你確定要這麼做？」

他的笑容更邪惡了，「我都認罪了，你們還要我怎樣？」接著揚長而去。

我楞在當下，有一種被羞辱的感覺。不是我或當事人被羞辱，但是就是一種很強烈的羞辱感。

事情結束了嗎？還沒。三週後，我們到了相同的法庭。

法官推了推眼鏡，「請問兩造的和解結果如何？」她看著我，「大律師，你們並沒有陳報和解結果。」

我站起身來，「審判長，我們沒有和解，因為對方補償金額太低，本件……」正當我要開始講的時候，教授突然站起來說話。

「法官，我不認罪，因為我剛從美國回來，我對於台灣的交通法規、刑法都不熟悉。」頓時空氣凝結，法官尷尬的看著他，「被告，你確定你不認罪？這樣我們可能要移送審理。」

教授堅定的說，「我沒錯，當時因為我的車前面有障礙物，所以我只好插進對方車道，是他們自己開太快，所以才閃避不及撞上我。事實上，事故發生後，因為我擔心阻塞交通，所以我把車子開往前一點，但是我馬上下車查看，確定他們沒有受傷後，我才離開。」

太太突然漲紅了臉，激動的說，「你胡說，你很過分耶。」

我向太太擺了擺手，示意她不要衝動。「審判長，既然被告不認罪，請移送審理。」法官無奈的說，「好吧，本件移送審理，但是……」她轉頭向被告說，「你最好聘請律師，知道一下你可能要面臨的刑責。」

被告點點頭，「我知道。」在筆錄上簽完龍飛鳳舞的名字後，逃也似的離開法庭。

我嘆了口氣，「肇事逃逸基本上就是六個月以上的罪，如果沒有跟當事人和解，很有可能會判處七個月以上，也就是不能易科罰金，得要入獄服刑，他到底在想什麼？」

丈夫無奈的說，「我也不知道，但是他的態度真的很惡劣。」一邊安慰他啜泣的太太。

我只能在旁點點頭，畢竟被告是否認罪，是被告的權利，身為告訴代理人，也不能說些什麼。

太太緊張的問，「他不會沒事吧？看他一副胸有成竹的樣子。」

「我也不知道，就等審理庭吧。但是我要請法院勘驗行車記錄器的光碟。」我苦笑，「要讓法院看看，這個人到底有多可惡。」

一個月後，審理庭召開了，由三個法官共同開庭審理。

法庭裡如果有三個法官出現，坐在左邊的法官，稱之為受命法官，負責主要的審理工作。坐在中間的法官稱之為審判長，主導訴訟的流程。坐在右邊的法官稱為陪席法官，原則上不介入審理，除非審判長與受命法官意見不同，他才會參與投票，做成關鍵性的決定。

教授這次總算帶了律師來，這個律師看起來就是盛氣凌人，進來法庭以後，我向她點頭示意，低聲說，「請大律師盡量周旋。」

她斜看了我一眼，「再說吧。」

審判長又再次確認被告是否認罪，然而這次教授又改口，「審判長，我認罪。先前我因為不知道台灣的法律，認罪到底是什麼，我也不清楚，後來律師跟我解釋以後，我願意認罪。」審判長有點驚訝，但是仍然表示，「好，既然被告認罪，我們是不是改成簡式審判程序？」

檢察官有點遲疑，「庭上，我們希望被害人可以得到充分的保障。」

審判長有點年輕，但應該是期別比較高的學姊，她很快的跟檢察官說，「我想，簡式審判程序並無礙於被害人權利的保障，被告既然認罪，所犯罪名又不是死刑、無期徒刑、三年以上有期徒刑的重罪，應該可以改採簡式審判程序吧？又不是簡式審判程序，被告就一定能得到緩刑。」

她轉向我，「大律師，你們當事人也同意吧？」

我立刻低聲向這對夫妻說，「所謂簡式審判程序，跟現在三個法官審理是不一樣的。調查證據程序會比較簡略，以快速進行審判，坐左邊的那位法官，叫做受命法官，只要他單獨審理就可以判處被告有罪，這確實不會影響到你們的權利。」

夫妻對看了一眼，然後低聲說，「律師，我們交給你了，你同意就好。」

聽到他們同意，我立刻向審判長表示，「我們同意。」

審判長的眼光環視了整場一週，「好，那我們先離席，由受命法官獨任審判。休庭五分鐘！請兩位大律師到場外談和解。」

我站起身來，向對方律師招手。兩個人就在法庭外面開始討論。

「你們希望和解的金額是多少？」我問。

「十二萬，就是一開始我們當事人提到的金額。」她說。

我差點沒跌倒，「你確定？我沒聽錯？這樣我們不可能和解！」

對方律師露出笑容，「那就讓法院判決吧！」這笑容，就像三週前我看到的一樣。

我進入法庭，向告訴人搖了搖頭。

在法庭內，告訴人是沒有地位的。他們不能參與程序，只有檢察官、辯護人、法官，形成三角關係，至於受害的告訴人，至多就是在最後發表意見而已，是的，就是讓他們說說幾句話，聊表心意。

這時候中間的位置已經換成原本在左邊的受命法官，先前的審判長跟右邊的陪席法官都已經離席。原先的受命法官問被告，「既然你認罪，對於先前你說的話，以及相關的供述、非供述證據，有沒有意見？」

被告看了看律師，律師搖頭。「沒有，法官。我真的知道錯了，希望可以有緩刑的機會。」教授說。

原先的受命法官再問，「請問檢察官有沒有問題要詢問被告？」

我原本以為檢察官會說沒有，但是，情況有點不一樣。

檢察官點點頭，「我想請問被告，事發當時，你做了什麼？」

被告「興高采烈」的說，「當時，就是我因為閃避前方障礙物不及，所以切換到他們的車道，後來我有下車來查看，發現他們沒事，我就走了。基本上，我覺得他們就是要趁機訛詐我……」

我的當事人緊握拳頭，嘴唇發白，喃喃低語說，「這不是事實。這不是事實。」

我拍了拍他的手。「沒事。等著看好戲。」我開始冷笑。

辯護律師突然打斷被告的話，「審判長，被告既然已經認罪，我認為不需要詢問被告這些細節，我們覺得……」

原本溫和的檢察官突然語氣轉為嚴厲，「大律師，這是我的時間，請尊重我的職權！」教授被這樣的對話嚇到，雖然他應該還不知道發生什麼事，但是很機伶的閉上了嘴。

檢察官微微一笑，「繼續說啊？」

被告搖搖頭，「沒有了。」

法官對眼前的情況，沒太多意見，只是繼續進行程序。「請辯護人為被告辯護。」

律師站起身來，「今天這件事情，就是典型的以刑逼民。被告是個海外回來的學者，對於台灣法律不熟悉，因此沒有停下來查看。但是告訴人竟然要求賠償金額高達五十萬元，明顯是敲詐我們。告訴人的車輛是一九九八年的老車，價值不過三萬元，傷害也不嚴重，我們當事人沒有能力，也不願意負擔這一筆錢，請審判長考量被告認罪，給予緩刑。」講畢後勝利式的看了我們當事人一眼，很倨傲，很不屑。

法官突然問我，「大律師，你要代替你當事人說說話嗎？」

我緩緩站起身來，「如果有看過光碟，你們就會知道被告有多可惡。各位可以想像一個畫面，被害人一家開車出遊，被告僅因為被害人超車，就對被害人狂按喇叭，一路尾隨下高速公路後，突然切進被害人車道，導致被害人的車子打轉，在高速的狀態下，撞到另一輛車。車子裡有一個十個月大的孩子，還有被害人的媽媽。」我一口氣，但慢慢的講完。

「這個被告，很明顯就是要製造車禍報復對方超車，辯護人說，他對台灣法律不懂，我想請問辯護人，美國的法律是不是告訴這位大教授，製造車禍以後可以見死不救？」我頓了一下。

「面對這個案件，我有強烈的羞辱感。身為告訴代理人，身為律師，我認為司法被羞辱。如果被告只要認罪，就可以博取法院的同情，當認罪成為一種訴訟策略，成為請求緩刑的工具，而法院竟然相信這樣的認罪代表犯後態度良好。我不知道這樣的司法，如何獲得人民的信任？」我開始驚訝這些話怎麼會從我口中說出，但真的說出口了。

「我希望法院，能給當事人最後的撫慰。如果辯護人在庭上羞辱被害人，說被害人只是為了錢，才堅持要告被告，法院對此卻無動於衷。如果被告在庭上明著講認罪，但是對於犯罪事實卻胡說八道，一再在被害人的傷口上灑鹽，請問司法要如何給被害人撫慰？民眾要如何信任司法？」

講到這裡，我發現檢察官、法官都在看著我。

「我希望法院可以判處被告七個月以上有期徒刑，不許被告易科罰金。希望透過這個判決，可以讓其他的被告知道，什麼叫做認罪。」

庭上一片靜默，我突然覺得自己鬆了一口氣，因為我把長久以來想講的話，竟然在這次宣洩而出。

我們走出庭外，三個人都沒說話。

「其實判多久，我已經不在乎了。」先生說，「你把我想講的話，都說了出口。」

我點了點頭，「其實我反而要感謝你們，讓我有機會說出這些話。我請你們喝飲料，走吧！」

法院外陽光耀眼。

一場遊戲一場夢

他是個中年人，看起來飽經風霜。

我不知道他的實際年齡，但是應該不年輕。他伸出手來跟我握手，右手厚厚的繭，顯示出他應該是從事勞動工作的人。他有點緊張的搓了他放在大腿上，極為破舊的外套，不好意思的跟我說：「我沒有帶錢來，但是請問可不可以諮詢你一些問題？」

對我而言，免費接受諮詢從來不是浪費時間的行為，對方願意把他的故事掏心掏肺的告訴我，讓我運用法律去思考有沒有解決之道，這是讓自己快速成長的方式，就算對方因為預算，找了別的律師，對我而言也沒有損失，反而贏得了友誼，為什麼不要？

我示意他不用客氣，請他把故事告訴我。

原來他的年紀，大約小我幾歲而已，然而他黝黑的皮膚、疲累的眼神，讓我覺得他像是比我老了一世紀。

他，從研究所畢業以後，就擔任某高中老師。高中的教學課程很忙，他除了自己的課程外，他還要照顧一年級的新生，也就是負責導師的工作。那年，從研究所畢業後，去擔任高中老師的人不多，他算是當時很有發展機會的新人。當然，他的教學極為認真，在學校裡也有很好的人緣。每次下課，總是有不同的學生圍繞在他身邊，因為年齡差距不大，所以經常可以跟學生打成一片，籃球場、社團教室，經常見到他的足跡。他縱身投籃的身影，吸引眾多女學生的目光，如果當年有臉書，或許他會是加入最多學生當好友的老師。

他在同事間的人緣不錯，許多老師也樂於跟他分享教學經驗。在綜合科當中，有一名女同事經常對他表示好感。她不僅會主動攀談，甚至會約他下課後到學校隔壁的咖啡店坐上兩個小時，聊聊家裡發生什麼事情、學校的政策又是多麼不合理。他覺得他們之間彼此欣賞，也不排除進一步發展的可能性。他只是在等待時機向她告白，他還不確定一些事情。特別是，他希望等他升上科主任以後，再告訴她，希望可以公開在一起，即使這已經是學校公開的祕密。

那天下午，這位女同事氣急敗壞的到他那裡，告訴他，擔任導師的班級女生暈倒。這女生是很積極的孩子，個性雖然很倔強，但是很上進，經常會詢問他課業上的問題。因為這個女孩的家境不好，父母又離異，現在由父親監護，所以他在課後甚至會主動要她找幾個孩子，一起在教室裡進行課業輔導。聽到向來乖巧的這個孩子出狀況，他急忙趕到保健室去，女孩就躺在那裡休息，不過旁邊沒有同學在場。他心想，這孩子不是人緣還不錯，怎麼會只有她一個人？

女孩睜開眼，狀極痛苦，對著他說，「老師，我的胸口很悶。」一邊想抓住他的手過去胸部那裡。他緊急的縮手，左右張望，「保健室的護士呢？」女生見他不為所動，把原本的制服往下拉扯，露出痛苦的表情，然後把裙子半褪，內褲往下拉。他發現情況不對，手忙腳亂的想阻止她，而她竟然開始喊救命。他碰倒了旁邊的白色簾子，而護士，就在這時候進來，嚇得合不攏嘴。

學校迅速召開教評會，處理這件醜聞。他的心儀對象，也是教評會的成員，然而已經說不上話。她經過他身邊時，那種冷峻的眼神，幾乎扼殺了他最後的希望。即使他多次打電話給她，希望能夠向她說清楚。然而女人拒絕接聽，還把這些簡訊提供給教評會參考。

當然，結局就是無條件解聘。

然而，事情還沒結束。女學生的家長在他打包時，闖進教師休息室，就在眾目睽睽之下，狠狠的打了他一頓。左拳、右拳，對他而言已經不是肉體上的痛，而是心理上的折磨。他沒有抵抗，因為在他被痛毆時，他看到所有同事對他鄙視的眼神。平常老是會找他一起喝茶的王老師，刻意撇過頭去。他曾經在教評會上仗義執言的張老師，直接走出門外。只有她，他曾經以為可以共度終生的林老師，對，就是她，急忙打了電話叫校警過來。而且在家長在他臉上吐了一口痰以後，細心的蹲下來幫他擦拭臉上的汙垢與血，然而下一句話卻讓他再度墜入地獄：「你不配當一個老師。」

他沒有家了，只能回去彰化的老家。父親早死，只剩下他與母親相依為命。母親沒有多說什麼，只是用和藹的眼神看著他。「媽一定知道我是清白的。」他心想。然而母子始終沒有說破，母親要他多休息，一邊叨唸著是不是要去孩子家跟對方道歉。

「人家也是人生父母養。」媽媽說。

「為什麼我要道歉？」他對母親嘶吼！他把這一個月來的怒氣，積壓在胸口的怨氣，通通一口氣爆發出來。他把老媽媽所有的飯菜都揮落在地，蹲坐在地上開始放聲大哭。

從小，他一路由第一名的高中、大學、研究所，到這所縣裡最有名的綜合高中任教，從沒讓媽媽擔心過，他知道父親不在了，他必須更努力。人家都說阿好嬸養了個好兒子，稍微彌補她的喪夫之痛，但是，現在這個好兒子，卻背負了性侵學生的罪名。

她默默撿起地上的飯菜碗盤，然後走到兒子身邊，抱了兒子一下。他突然覺得母親好溫暖，一直都沒有變過，眼淚就這麼滴在媽媽的臂彎裡。

幾個星期後，更大的打擊到來。地方法院檢察署的傳票寄來，罪名是強制性交未遂及強制猥褻，請他到地檢署說明。傳票上寫的斗大的幾個字：「抗傳即拘」。

他拿著傳票，手裡不斷的發抖，他不知道什麼是「抗傳即拘」上面寫的都是中文字，但是他必須很費力才能閱讀，他大概知道，這應該是很嚴重的字眼。他到城裡找律師，所有的律師聽了他的故事都搖搖頭，要他直接認罪。

「或許還有緩刑的機會，如果你跟他的父母和解。」其中一個律師這麼說。

他憤怒的拒絕所有律師的提案，他決定要為自己洗清冤屈。

然而，事情沒有他想像中的順利。檢察官似乎已經事先問過小女生。她的指控是，她身體不舒服在保健室，老師竟然將她的衣服拉扯下來，並且扯下內褲，想要對他下手。還好護士即時趕到，才避免這樣的「悲劇」。

「悲劇」，他心裡想，現在我的人生，才是悲劇吧。他突然有很滑稽的念頭，「這女孩在想什麼？他對這些孩子這麼盡心，到底發生什麼事情？」聽著女孩的證詞，他關心的竟然是為什麼女孩會這麼指控他，而不是他應該怎麼避免自己的牢獄之災。

檢察官完全相信女孩的證詞，並且傳喚護士證明當時女孩有喊救命，男老師一臉慌張。嗣後的法官，也並不相信老師怎麼說，即便他希望對女孩測謊、對他自己測謊，法院也並不採信。他最訝異的事情是，當他跟女孩對質時，女孩可以一邊啜泣，一邊冷靜的回答當時事發的經過。當然，跟他的理解完全不同，他就像是在聽另一個世界的囈語，另一個人生的故事。

法院宣判，被告身為教師，竟然罔顧師道，意圖性侵女學生，事後峻不悔改，惡行重大，應判處有期徒刑二年三個月，以昭炯戒。

他，明星教師，必須入獄服刑。

出獄後，媽媽已經中風。他因為這前科記錄，很難找到像樣的工作。學校是回不去了，補習班也不能接受他。畢竟這樣的案件大家還記憶猶新，怎麼可能讓一個性侵害犯，沾污了補習班的名聲。他開始四處打零工維生，只要有缺工人，他一定到場找機會。這幾年來，雖然很辛苦，但是也存了點錢。只是他心裡一直有復仇的火焰，他要找尋真相。

「律師，如果我找到證據，可不可以提起再審？」他問。

「再審，判決確定五年內必須提起。」我皺著眉頭說。「就本案而言，已經都過了這麼多年，恐怕沒有辦法提起再審的訴訟。」我放下判決書，意味深長的看了他一眼，「更何況，我怎麼相信你？」

他慘然的笑了一下，「我也沒要你相信。反正我已經一無所有。我知道該怎麼做。」

我靈機一動，「等等，你有這個女學生的聯絡方式嗎？」

「當然有。」他說。「我正想去找她，還我一個公道。」

我急忙搖手。「絕對不行。你現在剛出獄，如果跟被害人接觸，一定會有問題。」

「你信任我嗎？」我凝視他的眼睛。

「我不知道。」他搖搖頭，「既然你也不信任我。我想知道你能做什麼？」

「我想聯絡這個女孩。沒有意外的話，她應該已經大學畢業。」我說。「我想知道發生什麼事情。」

他陷入沈思。過了大約五分鐘，難堪的五分鐘以後，他緩緩的點頭，「我本來想自己去找她，現在我交給你了。」

我似乎開始有幾分的可能相信他，畢竟他願意讓我先去瞭解真相。他把一小張發皺的字條從皮包拿出來，然後攤開在我面前。「這是我假裝是她高中同學，向她家人問到的住址跟電話。」

我倒吸了一口氣，這應該是我處理過最艱難的任務。「好，你等我。」我說。「但是我不敢保證我有辦法瞭解真相。」

誣告，古代稱之為「反坐」，從戰國時代就有這樣的規定。可見誣告是古代就有的犯罪態樣。從《秦律》（秦朝刑法）、《漢律》（漢朝刑法）到《唐律》（唐朝刑法），都有類似的規定。《唐律疏議》卷二三就提到：「諸誣告人者，各反坐。」「凡人有嫌，遂相誣告者，准誣罪輕重，反坐告人。」所以「反坐」的意思，大略就是說，人與人之間互相有嫌隙，竟然用誣告別人的方式來解決，那麼就要反坐，也就是論以誣告之罪相同的刑罰。我國對於這項規定，設有所謂的「誣告罪」，處七年以下有期徒刑，比起論以相同之罪，當然輕微許多。然而過去毒品危害防制條例第十六條為，「栽贓誣陷或捏造證據誣告他人犯本條例之罪者，處以其所誣告之罪之刑」。換句話說，如果是誣告別人販賣一級毒品，因為販賣一級毒品所處者為死刑、無期徒刑，所以誣告者將處以相同的罪刑，這就是「反坐處罰」的典型立法。大法官會議五五一號解釋，已經要求廢止該規定，原因就是認為違反比例原則。誣告就要判處無期徒刑？似乎是過重了。

不過站在他的角度上來看，恐怕會認為這樣的立法很妥當吧？

幾天後，我聯絡這位同學，意外的，竟然是她親自接聽，只是旁邊有吵雜的嬰兒哭聲。

她知道我的來意後，匆匆的掛上電話，只告訴我，十分鐘後打給我。

那十分鐘，就像一世紀一樣的長。

我還是多等了十分鐘，這次她的聲音沒有這麼緊張與急促，一開口她說，「你們終於來找我了。」她呼了一口氣，竟然聽起來有如釋重負的感覺。

我們約定三天後的星期日，在事務所見面。

我看著她，目不轉睛，但是帶點嚴厲的味道。她年紀雖然不大，但略施脂粉後，竟然也像是三十歲上下。

她嘆口氣，「我早就知道會有這一天。」

我譴責的問她，「所以你承認這一切都是假的。」

她突然激動的說，「是的，都是假的，是我誣賴他。你知道這些年我過的是什麼日子？人不像人、鬼不像鬼。我大學也不敢去考，同學沒有一個諒解我。我畢業以後，隨便找個男人嫁了，你覺得我看起來像幾歲？你以為我怎麼活下來的？」

我沒有同情她，「你，為什麼要這麼做？」我木然的問。

她從小皮包裡拿出一本小冊子。「這是我那一年的日記，你自己看吧。」

這是我節錄的、與案情相關的部分：

十月十八日，爸爸檢驗出來肺癌第三期，標靶藥物可能需要不少錢，怎麼辦？

十月二十日，我一個人在教室哭，小花他們都回去了。林老師過來我這裡，問我到底發生什麼事情。我不想說，但是她一定要我告訴她，所以我說了。她說，她會想辦法。她能想什麼辦法？

十月二十七日，林老師下課後找我去操場上，她說，要我幫她一個忙。她想知道張老師會不會背叛她，畢竟學生都這麼喜歡他。她會給我一些錢，足夠讓父親看病。但是她要我做一些事情，我不知道我該不該做。老師對我很好，所以我真的很矛盾。

十月三十一日，林老師又來找我談，她說，這件事情一定要我幫忙。爸爸的病情又惡化了，化療看起來沒什麼用，我該怎麼辦？她拿了十萬元給我。老天，這對我來說，是天文數字。她說，就算不幫她，這也是她該幫我的。我混亂了。

十一月七日，我主動找了林老師，告訴她我願意幫忙。但是我問她，張老師會不會有事情？她說，絕對不會。如果他拒絕我，我應該怎麼辦？她要我想辦法測試他。

十一月十一日，事情發生了。可是好像很嚴重。今天我拉住他的手，要他碰我，他似乎不敢。所以我把衣服拉下來，但是這時候護士竟然進來，我只好喊救命，不然不是變成我誘惑他嗎？他會有事嗎？

十一月十三日，張老師請假了，同學對他的行為議論紛紛，可是好像沒有人同情我。小花她們離我好遠，說我誘惑老師，是賤女人。我很想哭，我到底怎麼了？林老師現在也避不見面，我該怎麼辦？

十一月十四日，煩！

十一月二十一日，我想說出真相，但是我爸說，一定要提告。他拖著身體，去警察局報案，還拉著我一起去。女警告訴我，一定要讓壞人繩之以法。我才是壞女人吧，小花說的對，我很賤。

十二月一日，張老師被解聘了。爸爸說，明天要去打他一頓，我一直哭著不要他去，但是爸爸對我說，我女兒被人欺負了，我要給他好看。我好想死。但是我好像不能說實話了，這是，不、可、逆、轉、的。

嗎？

十二月二日，爸爸果然去打他一頓，他還說，以後見一次就打一次，我還見得到張老師

我看到這裡，心中百味雜陳，而她早已趴在桌上嚎啕大哭，「我真的不是故意的，但是我已經沒有退路。我當時一定是瘋了才會這樣！」

我不知道該不該同情她。

「爸爸後來還是走了。我雖然拿到了錢，但是我覺得我好骯髒。我沒辦法考大學，後來在工廠做了一陣子，就跟我同事結婚了，現在有一個孩子。我覺得我的人生已經徹底的完蛋。」她總算恢復了平靜，「你知道嗎？我一直在做惡夢。或者，我的人生就是一場惡夢，我希望趕快醒過來。」

我沒辦法說話，我不知道該怎麼說。

她似乎諒解我，點了點頭，「無論如何，我還是謝謝你願意聽我說。我可以知道張老師過得好嗎？」

「他不好。」我說。「但你也不好。」

她笑了一下，很無奈的。「他如果還想見我，或是要告我，我都可以接受。至少這是我贖罪的機會。」

我突然有股衝動想說，「這人生是你賠得起的嗎？」但是我忍住沒說話。

我把日記影印下來。「我會跟張老師說。謝謝你今天過來。」

誰的錯？我心中充滿疑惑。

三天後，我重新見到了他。看起來他似乎有元氣一些了。他聽了我轉述的故事，和那些日記，面無表情的。他緩緩站起身來，「律師，我知道該怎麼做了。」

我楞住，「你想怎麼做？」他淡然的表情，有點讓我發毛。

「我釋懷了。」他笑著說。

「我不相信。」我追問，「你到底想怎麼樣？」

「我之後會告訴你。律師。」他說，「如果有之後。」

我知道他想做什麼，但是沒辦法阻止他，只好語重心長的吐了四個字，「好自為之。」

這一個月，我一直在注意社會版上有沒有相關的新聞。沒有。但是，他的消失讓我很不安，因為我不知道發生什麼事情。

之後的一天夜裡，我在辦公室寫狀，聽到門口有鈴聲，我去開門。是他，看起來很疲累。「我去找過她了。」他開口說。

「啊？你做了什麼？」我驚呼。

「也沒什麼，我『打算』殺了她。」他慘然的說。

「然後呢？」我竟然開始結巴。

「我這幾天，每天寄一頁日記給她。」他說，「一直到最後一頁，我去她家找她。她果然升了科主任，現在過得很好。有疼愛她的先生，還有一個剛滿三歲的孩子。」

「她見到我就一直哭，我只問她三個字，『為什麼？』」

「她沒說，只是不斷的說，我們應該在一起的，怎麼會這樣？我看著她哭，一點感覺也沒有，我想起了中風的媽媽，唾棄我的鄰居、找不到工作的屈辱，我把刀子拿出來，想要結束掉這一切。」

「但是她孩子踏著學步車，咿咿呀呀的走到我面前。我突然覺得，這一切很可笑。我不知道她在想什麼，但是我不想要她孩子沒有媽。我只好掉頭就走。我只說了一句話，因為你的孩子，我不想恨你了。」「律師，我很傻對不對？我不相信她是因為要測試我才會這麼做。她希望當上科主任，可是我愛她勝過一切，如果她說要，我可以放棄競爭，她為什麼要這麼對我？」說完他嗚嗚噎噎的蹲坐在地上，不能自已。

「她說不定真的只是要測試你。沒想到擦槍走火而已。」我安慰他。

「不重要了，都不重要了。」他不斷的哭。

人性能不能測試？能不能重來？人生又有什麼是重要的？

你說呢？我沒有答案。

棋子

他穩當的開著車，他要去岳父家將剛出生半年的小孩子接回來。

車子停在交叉路口前，是紅燈。他不急著趕路，因為岳父家對這個剛出生沒多久的孩子相當疼愛。老婆就坐在他旁邊，她輕聲的要後座的孩子不要亂動，要有大哥的樣子，不過這一點似乎很困難，因為這位「大哥哥」畢竟也才三歲而已。

車子裡放著愛樂電台的交響樂，似乎是史特勞汶斯基的春之祭。他笑著跟老婆說，「妳知道嗎，這首交響樂在首演時，觀眾把能丟的東西都往舞台上丟，連椅子都有人拆了。」太太只是微笑著點點頭，她向來對於先生所講的故事，都是個很好的聆聽者。

紅燈很長。他對老婆講了幾句話以後，想到最近副總交代他的一件業務已經快完成，應該有機會升職。去年才剛在三峽買了房子，總算不用被房東趕著跑，或是調整房租。升職以後，又可以多繳一點貸款了。他偏著頭看著太太，「喂，我覺得你很美。」太太啐了他一句，「別鬧了，注意一下紅燈。」他滿意的笑了起來。把P檔移到D檔，準備依序往前進。

一切都這麼的美好，他覺得。

綠燈亮，車子緩緩的往前移動，他打了右轉燈，正準備轉向另一個路口。轉向以前，他看了後照鏡，沒車，他往右轉。突然耳邊傳來「碰」的一聲，車體晃動得很厲害，他隱約覺得狀況不對勁，有車撞上了他，是一台摩托車，機車撞上他的右後輪，騎士整個飛了出去，重跌在地上。頭著地。

他立刻停下車來，路口旁就是派出所，三分鐘內警方立刻趕到，救護車也呼嘯而來。騎士站了起來，是個二十出頭的小女生，搖搖晃晃，又立刻跌坐在地上。擔架把她抬起來時，她的意識似乎還清楚，揮了揮手，但是沒說話。

他焦急的比手畫腳，跟警方陳述並沒有違規，警方沒有多說話，就是例行的問著當時車禍發生的經過。老婆焦急的坐在車內，不知道該怎麼辦，只能安撫小男生，一邊打電話回家，可能得要晚點到。

二十分鐘左右，警員接起了電話，搖搖頭，向另一個警員說，「人走了。」

他心中像是被敲了一記悶棍，腦中一片空白，「警員先生，你是說，她死了？」

警員嚴肅的點點頭，「你可能涉嫌過失致死罪，要請你到警局做筆錄，等等檢察官相驗以後，會請你到殯儀館或是地檢署進一步偵訊。」

在警察局做完筆錄後，已是晚間七點許。醫師開出死亡證明書，警方直接把他帶往殯儀館，讓檢察官複訊。檢察官沒有多問，大概是把警察訊問的內容重複一遍，然後要他兩萬元交保而已。警察把他帶回法警室交保，似乎案件暫時結束了，那時已經是晚上十一點多。

美好的一天，不是嗎？一個從來沒犯過法，也不打算犯法的人，他怎麼會想到，早上出門的時候，會殺了一個人，他從不認識，也素無瓜葛恩怨的人，必須到警察局作筆錄，見了他從未見過，只在電視上看到的檢察官，成為罪犯，兩萬元交保？

事情結束了嗎？當然沒有，惡夢才剛開始，而他，來找我了。

車禍這件事情，在刑法上很詭異。關於車禍的刑法條文，大概有過失傷害、過失致死、危險駕駛等等。前兩者原則上只要過失，就會有罪。刑法上，處罰過失的條文很少，因為我們在意的是「明知而故犯」，既然只是過失，就不應該處罰。不過刑法對於死亡或傷害的結果要加以論罪，應該就是認為比起侵害財產法益來說，這種侵害身體法益的行為太嚴重。然而，實務上，就會造成很多的問題，也就是以刑逼民。舉例來說，有個路人被車子撞傷，路人可能闖紅燈，但是車主通常會被認定「未注意車前狀況」，因此有過失。這時候，路人醫藥費沒多少（因為有健保），但是可以跟車主大概要到十萬左右。原因是，這種過失傷害大概會判刑兩個月上下，易科罰金也就是六萬，花十萬向路人買前科，又不用繳易科罰金，這當然是值得的。所以只要發生車禍，我第一句話一定是問，「有沒有人受傷？」

論語中曾經記載，「廄焚，孔子退朝曰：『傷人乎？』不問馬。」所謂「不問馬」，應該不是不想問馬英九，而是彰顯他重人輕物的精神。但是實務上，有沒有受傷，真的差別很大，有人受傷，大概就會走上法院，這時候受傷的人如果想獅子大開口，就可以利用「過失傷害罪」，把金額誇大化，逼迫肇事車主妥協。而車主只能徒呼負負，花錢了事。我們的法院，耗費了非常多的精力在這裡，而不是用在偵查重大犯罪。

過失致死，那就更嚴重。通常死亡車禍一旦發生，因為是公訴罪，所以檢察官必然會介入。然而就過失致死而言，家屬的情緒比起過失傷害罪來說，更難消解。畢竟過失致死，人就是走了，是一種難以彌補的傷害。不論怎麼發生，被害者家屬第一段話通常是，「你拿這種和解金額有沒有誠意啊？換作是你爸爸，你會怎麼想？不然我給你這筆錢，你叫你爸來給我撞好了！」聽到這些話，所謂的加害人通常會哭笑不得，「誠意」、「錢」、「將心比心」，變成難解的習題。比較麻煩的在於，若不能和解，通常被法院判處有期徒刑七月以上的機會高。畢竟一條人命就這麼消失了，如果兩造沒和解，「不關不足以平民憤」，總不能讓家屬向某日報投訴，接著頭條就是「恐龍法官又一群」之類的。既然「一命還一命」的思維，還是台灣人的主流思考模式，而受害者家屬又不可能區分故意和過失的犯意重要性，畢竟人命就是不見，故意與過失的差異，在家屬眼裡當然一文不值。

因此，主標題是「某孝子穿越馬路，被車撞死，竟只判四月」，副標題是「恐龍法官重現江湖」，背景則是三個陰森的法官，拿著六法全書想砸老百姓。表格是三個法官的姓名與期別，另外則是民眾的意見，通通都是在罵判太輕，應該判死刑之類的。這樣的報紙頭條屢見不鮮，而我們並不會深入去探討，過失與故意之間的差距，在刑法上究竟有沒有意義。

反正人死了，故意或過失，有意義嗎？對於受害者而言，當然沒意義。但是對於被告而言，相當有意義，因為代表他究竟當時有沒有想殺這個人。

我看著他，他是個樸實的中年人，但是現在臉色憂愁，手足無措，不知道如何是好。我們這種人，縱然把法院當做廚房在走，遇到自己的事要出庭，一樣會精神緊繃，對於這輩子從沒走過法院的人來說，精神壓力當然更大。我聽了他的陳述，我想先協助他調解，然後再向檢察官求情。

「我希望你先拿出一部分錢給家屬。」我說。「然後這幾天，每天到靈堂前上香，當然不用爬著進去，但是至少要到。」

「我已經給他們十萬了。」他愁眉苦臉的說。

「還有，去拈香的時候，記得要找男性友人一起去，苗頭不對就要閃人，順便留個記錄。畢竟有些家屬可能會不理性，不要讓自己受傷。」我接著說。我可不想讓我的被告，變成馬關條約的李鴻章，雖然因為被日本人打傷，讓伊藤博文不得不讓步，但是畢竟是受傷了，這可划不來。

他點點頭。

「我會先向檢察官聲請調解，如果可以成功，那麼你拿緩起訴的機會就會有。」我說。「反之，那就會很危險。」

「大律師，我沒有錯。」他雖然苦著臉，但是還是坦白講出他自己的心中所想。「當時我載著我的太太與孩子，又剛好是紅燈起步，只差一百公尺不到就要左轉，當時車子又多，我是依序前進，連方向燈在等紅綠燈時，就開始打，還有看後照鏡，確定沒有車子，怎麼會這樣？我到底哪裡有錯？」

「那應該是視野的死角。」我有點遺憾，開始在紙上畫圖，「你應該是沒有注意到後面的來車，畢竟有時候後照鏡會有死角。」

「但是，他的摩托車車速這麼快，難道就沒有錯嗎？」他有點不平。

「或許有錯，但是過失致死是這樣，只要你有一點錯，就會觸犯法律。在侵害身體的罰則中，我們是不談過失比例大小的，這只會在民事官司中討論。例如你的錯三分，他的錯七分，加總後的損失你只要負擔三分就好。但是在過失致死這一個罪名判斷上，只要你有應該注意而沒有注意的情況，不管對方的錯是不是比你多，你都得要承擔這樣的罪名。」我解釋法條的情況給他聽。

「這樣我不是完了嗎？」他非常沮喪。

「也不是，我們先調解看看。」我說。「不過重點來了，你準備多少錢？」

他想了想，「我在三峽的房子還有貸款三百多萬，但是如果賣掉，應該可以拿到現金兩百萬。強制責任險他們已經拿了，大約是兩百萬，我只能把現在我們全家居住的房子賣掉了。」他帶哭音的說，「我存了很久，才讓家裡有這個小窩的。」

我心中大概盤算了一下，這樣的金額只有四百萬，跟對方要求的金額，差距應該很大。但是，總是得面對這樣的問題，畢竟是一條人命。

我拍拍他的肩膀，「等到調解完畢後，我們再來想辦法。」

他站起身來，走出會議室，「律師，你會不會覺得人生無常？」

「人生是無常，當然。」我想起了我大哥。

「老天很愛跟我開玩笑。」他苦笑了一下，「三天前，我還是一個清白的上班族；現在，我變成了罪犯，家也快沒了。」「別人的家也沒了，」我說，「這是一場悲劇。」

我們在三重區公所調解。其實調解制度是很有意義的設計，透過資深的調解委員，可以讓雙方站在可以接受的立場上，各自退讓後，取得認同，而不需要進行訴訟，對於法院而言，真的節省不少資源。

然而，有些訴訟，爭的不是錢，而是一口氣。過失致死的訴訟，對於雙方而言，是非對錯很多時候都難以化解。

他低聲問我，「律師，等一下我可以錄音嗎？」

「不行」，我立刻回絕。「調解過程依法是不能錄音的，即便錄音，將來也不能作為證據，因為調解的設計本來就是要讓兩邊的人暢所欲言，如果有錄音，又能作為證據，豈不是破壞調解制度的本意？」他點點頭。我們進入了調解室。

所謂的調解室，大多設在區公所的禮堂，裡面人聲雜沓，大概也沒什麼保護隱私的措施，兩造就是坐在一張小桌的兩側，由調解委員坐在中間，詢問兩邊的和解條件。

對方帶了律師來，爸爸還帶了死者的遺照在身上，表情哀淒。

簡單的寒暄後，我們立刻進入主題，我委婉的詢問，被害人家屬願意以多少金額和解。

對方律師比了一與四，我嚇到。

「你是說一千四百萬？」我倒吸了一口氣。

「他只有二十歲出頭，按照國人平均餘命來計算，你也知道公式的，這個和解金額應該合理。」對方律師說。爸爸則是在旁邊沒說話，嘴唇顫抖著。

「但是這個金額，我們真的沒辦法負擔。」我說。「我們希望您可以降低金額，否則和解可能性不會高。」他沒說話，但是眼眶都紅了，直想掉淚。

「大律師，你們能提出多少和解金額？」他問。

我搖搖頭，「我不確定。目前只有兩百萬的強制險是確定的。但是如果金額太高，我們真的無法負擔。」

對方律師站起身來，「如果您不能提出任何具體金額，我們希望今天的調解到此為止，想清楚再來跟我們說。」

我點點頭，「我們私下討論。」在這種場合，對方有律師當然最好，因為我們可以更理性的討論和解的可能性，絕對不能當場撕破臉。我不能說四百萬，畢竟兩邊的差距這麼大，這樣的數字只會激怒受害人而已。

對方父親突然把女孩遺照放在桌上，「大律師，要是你女兒被人家撞死，你願意多少錢和解？」

又來了，我就知道。我沒說話，對他苦笑以後，便帶著當事人離開。

多少錢？坦白說，我真的不知道。錢能解決的事情，雖然說是最簡單的事情，但是對於很多人來說，或許也是最困難的事情。

回到事務所以後，我還是要他想辦法籌錢，但是我也寫了一份狀子，把所有的前因後果，包括我們願意認罪、賠償金額目前的數目等等都提出來給檢察官參考。

「有用嗎？」他非常害怕。「我會不會被抓去關？」

「一半的機會，會被起訴，一半的機會，會有簡易判決的可能。」我說，「緩起訴已經沒機會了，現在看能不能爭取簡易判決。」

「什麼是簡易判決？」他問。

「所謂簡易判決，就是檢察官直接向法院要求判決，不需要開庭。然而也就是因為不用開庭，所以法院會判處被告六個月以下的有期徒刑，可以易科罰金。超過六個月，可能就得入獄服刑，但是，只要是簡易判決，我們就拿到可能不用關的入場券了。」我說。

「有例外嗎？」他憂心忡忡的問。

「有，如果檢察官聲請簡易判決，而被害人反對，向法院聲請改開通常程序，也就是要開庭，那麼剛剛的情況就不會算數了。」我說。「現在我們就只能祈禱了。」

一個月後，我們在地檢署開庭。檢察官沒有問太多問題，大概就是詢問兩邊還有沒有和解的可能性。事實上，在這段期間，我已經跟對方律師溝通過，大概還有三百萬左右的差距，應該有努力空間。

檢察官告訴我們，他要再想想，但還是希望我們盡力和解。

步出偵查庭，他父親拿著遺照對他說，「你這個殺人兇手！你睡得著嗎？」然後跪在地上嚎啕大哭。他承受不了壓力，擋不住的淚水奪框而出，也跪下來向他道歉。

殺人？還是過失致死？對於家屬而言，似乎一點都不重要了。在這場悲劇中，到底誰是被害人？誰是加害人？

誰能告訴我？

●國家圖書館出版品預行編目資料

噬罪人一初版.--臺北市：三采文化，2014.4.
面；　公分．--（focus：52）
ISBN 978-986-342-114-6（平裝）

1.律師 2.通俗作品

586.7　　103003436

suncolor 三采出版集團

FOCUS 52

噬罪人

作者	呂秋遠
主編	郭玫禎
文字編輯	黃若珊
內頁排版	中原造像股份有限公司
封面設計	林奕文
發行人	張輝明
總編輯	曾雅青
發行所	三采文化股份有限公司
地址	台北市內湖區瑞光路 513 巷 33 號 8 樓
傳訊	TEL:8797-1234　FAX:8797-1688
網址	www.suncolor.com.tw
郵政劃撥	帳號：14319060 戶名：三采文化股份有限公司
初版發行	2014年4月14日
14刷	2021年6月25日
定價	NT$360

DIE SEELE DES BÖSEN

suncolor